POLYGLOTT

New York
zu Fuß entdecken

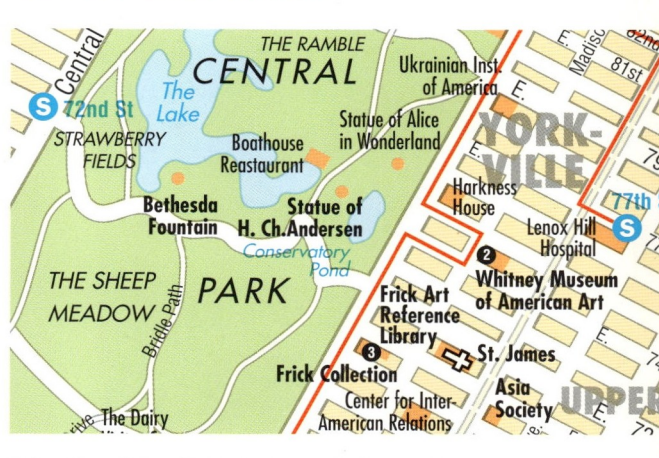

Gehen Sie zu Fuß auf Entdeckertour und erkunden Sie Ihre Lieblingsstadt mit all ihren Facetten und verborgenen Winkeln. Jede Tour führt Sie in eine andere Gegend, lässt Sie überraschende Eindrücke sammeln und Altbekanntes neu genießen.

Zeichenerklärung:

Wann

Sie sind viel im Freien unterwegs –
am schönsten bei Sonnenschein

Überwiegend im Inneren –
macht auch bei Regen Spaß

Am schönsten in der Abenddämmerung
und danach

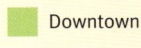

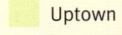

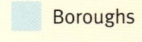

Dauer · Distanz

kurz Ein Spaziergang mit schönen und
interessanten Orten zum Verweilen

mittel Mittellanger Fußweg und Sehenswürdigkeiten, die einen langen Aufenthalt lohnen

lang Langer Fußweg mit vielen Stationen, für
die Sie sich viel Zeit nehmen sollten

Farbsystem:

Downtown

Midtown

Uptown

Boroughs

Herausragende Sehenswürdigkeiten sind mit ***** gekennzeichnet. Die Touren leiten von einer Station des öffentlichen Nahverkehrs **S** zu einer anderen, Parkplatzsuche überflüssig.

Wann	Dauer	Tour	Stadtviertel	Seite
☀️	lang	1	**Manhattans Südspitze** Vom Battery Park zum Ground Zero	8
☀️	mittel	2	**Financial District** Zentrum der internationalen Finanzwirtschaft	12
☀️	mittel	3	**Civic Center und South Street Seaport** Vom City Hall Park zum East River	16
🌙	mittel	4	**Tribeca** Ausgehen in Robert de Niros Lieblingsviertel	20
🌧️	mittel	5	**SoHo** Boutiquen und Galerien im Cast Iron District	24
☀️	mittel	6	**Chinatown und Little Italy** Eine kleine Weltreise zu Fuß	28
☀️	mittel	7	**Lower East Side** Verblassende Spuren jüdischer Geschichte	32
☀️	kurz	8	**East Village** Hochburg der alternativen Szene	36
☀️	kurz	9	**Flatiron District** Vom Union Square zum ersten Wolkenkratzer	40
🌙	mittel	10	**Greenwich Village** Studentisches Flair rund um den Washington Square	44

Wann	Dauer	Tour	Stadtviertel	Seite
🌙	mittel	11	**West Village** Ein Spaziergang durch das dörfliche New York	48
🌙	kurz	12	**Meatpacking District** Nightlife im ehemaligen Schlachthausviertel	52
🌙	kurz	13	**Chelsea** Mekka für Kunstpilger und Clubber	56
☀️	lang	14	**Midtown** Die Stars unter New Yorks Wolkenkratzern	60
🌙	kurz	15	**Times Square** Where the city never sleeps	64
☀️	mittel	16	**Rockefeller Center** Eine Stadt mitten in der Stadt	68
🌧️	lang	17	**Moderne Kunst und Mediales** Museums-Highlights in Midtown	72
🌧️	mittel	18	**Fifth Avenue** Luxus-Shopping auf New Yorks Prachtstraße	76
🌧️	lang	19	**Upper East Side** Vom Metropolitan Museum zur Grand Army Plaza	80
🌧️	lang	20	**Carnegie Hill** Kleine, aber feine Museen in alten Herrenhäusern	84

Wann	Dauer	Tour	Stadtviertel	Seite
☀	🕐 mittel	21	**Lincoln Center und Carnegie Hall** New Yorks Musentempel	88
☀	🕐 lang	22	**Central Park** Ein Tag in New Yorks grüner Lunge	92
☀	🕐 kurz	23	**Upper West Side** Luxuriöse Apartmenthäuser am Central Park	96
☀	🕐 mittel	24	**Morningside Heights** New Yorks »Academic Acropolis«	100
☀	🕐 mittel	25	**Harlem** Erinnerungen an die Harlem Renaissance	104
☀	🕐 lang	26	**Nord-Harlem** Eine aufschlussreiche Lektion in Geschichte	108
☀	🕐 mittel	27	**Nord-Manhattan** Die unbekannte Seite der Metropole	112
☀	🕐 lang	28	**Bronx** Überraschend viel Grün und das wahre Little Italy	116
☀	🕐 kurz	29	**Queens** Multikulti-Feeling und ein Hauch von Hollywood	120
☀	🕐 lang	30	**Brooklyn** Durch Brooklyn Heights und DUMBO	124

5

Unsere besten city Tipps:

Hotels   **Seite 128**

Hotel Beacon • Four Seasons • Gansevoort Hotel • Gershwin Hotel • The Library Hotel • Marriott Financial Center • The Muse Hotel • Red Roof Inn • Thirty Thirty • Waldorf-Astoria

Restaurants   **Seite 132**

Aleo Restaurant • David Burke Townhouse • Gramercy Tavern • Grand Central Terminal Food Court • Heartland Brewery • Katz's Delicatessen • Kittichai • Mandarin Court • Nobu • Nougatine at Jean Georges • Strip House • Sushi Samba • Sylvia's Restaurant • Tom's Restaurant • Zen Palate

Shopping   **Seite 138**

Abercrombie & Fitch • Apple Store • Barnes & Noble Bookstore • Century 21 • Disney Store • DKNY/Donna Karan New York • FAO Schwarz • M&M • Macy's • MoMA Design Store • Niketown • Philip Williams Posters • Saks Fifth Avenue • The Gap • Verve Shoes

Nightlife   **Seite 144**

Blue Man Group • Bowery Ballroom • Café Wha? • Comedy Cellar • Empire State Building • Jazz at Lincoln Center • Radio City Music Hall • Lenox Lounge • Tenjune • Webster Hall

	Manhattan	**Umschlag vorne**
	Übersicht New York	**Umschlag hinten**

Alle Touren auf einen Blick — **Seite 3**

Events — **Seite 148**

city Tipps von A bis Z — **Seite 150**

Unterwegs — **Seite 152**
Anreise per Flugzeug • Unterwegs in New York • Subway • Busse • Taxis

Register — **Seite 154**

Preiskategorien im Überblick:

Hotel (Zimmer/Nacht):
- ○○○   ab 300 $
- ○○   150–300 $
- ○   bis 150 $

Restaurant (Menü):
- ○○○   ab 50 $
- ○○   30–50 $
- ○   bis 30 $

Tour 1

Manhattans Südspitze

Battery Park → *Liberty Island/Statue of Liberty → *Ellis Island → Robert F. Wagner Jr. Park → World Financial Center → Ground Zero

»Freiheit« könnte als Motto über dieser Tour stehen. Den passenden Auftakt bildet ein Besuch der Statue of Liberty, für zahllose Einwanderer Verkörperung des Traums von einem selbstbestimmten Leben. Unabhängigkeit und ungebrochenen Zukunftsglauben soll auch das One World Trade Center auf dem Gelände der eingestürzten Twin Towers symbolisieren.

Start: Ⓢ Bowling Green (Train 4, 5)
Ziel: Ⓢ World Trade Center (Train A, C, E)
Wann: tagsüber, Start bevorzugt morgens

Wie könnte ein Urlaubstag besser beginnen als mit einer Schiffstour? Von der Ⓢ Bowling Green (Ausgang State St.) aus sind es nur einige Schritte in den **Battery Park ❶**. Das Gelände hat seinen Namen von den Geschützbatterien, die einst den Hafen sicherten. Erstes Ziel ist das **Castle Clinton National Monument,** ein früheres Fort. Hier bekommt man Tickets für die Fähren nach Liberty Island und Ellis Island – wer vorab online reserviert und die Tickets zu Hause ausdruckt, spart sich die Wartezeiten (www.statuecruises.com).

Der Weg durch den Park führt vorbei an **The Sphere**, einer Skulptur des Nieder-

The Sphere

bayern Fritz Koenig, die zwischen den Twin Towers stand und als einziges Kunstwerk deren Einsturz am 11. September 2001 überlebte. Sie wurde 2002 im Battery Park aufgestellt, wo sie nun mit ihren Beschädigungen an Amerikas schwärzesten Tag erinnert.

Die ***Statue of Liberty ❷**, ein Geschenk der Franzosen, wacht seit 1884 über den Hafen von New York. Erschaffen wurde sie vom Bildhauer Frédéric Auguste Bartholdi und vom Eiffelturm-Erbauer Gustave Eiffel. Bis zur Spitze der Flamme ist die Dame knapp 46 m hoch. Rasch entwickelte sie sich zum Sinnbild für das bessere Leben, das sich Millionen von Einwanderern in der Neuen Welt erhofften. Dass das Versprechen der großen Freiheit oft ein leeres war, zeigt der Besuch von ***Ellis Island ❸**. Der Kontrollpunkt war der erste Flecken US-Erde, den die Menschen nach der Atlantiküberfahrt betraten. Ein eindrucksvolles Museum ruft die Zeiten wach, als bis zu 12 000 Menschen täglich die Einwanderungshalle passierten – oder ohne Angabe von Gründen in die Alte Welt zurückgeschickt wurden.

Ellis Island

Zurückgekehrt nach Manhattan, führt der Weg weiter durch den Battery Park, u. a. vorbei an der Skulptur **The Immigrants.** Im Restaurant **Battery Gardens** genießt man noch einmal einen schönen Blick auf die Freiheitsstatue (1 Battery Park Plaza, Seafood, ○○). Das **National Museum of the American Indian ❹** (1 Bowling Green, tgl.) ist der Geschichte und Kultur der amerikanischen Ureinwohner gewidmet. Mit New Yorks Wolkenkratzer-Architektur beschäftigt sich das **Skyscraper Museum ❺** (39 Battery Place; Mo, Di geschl.), das stilgerecht in einem Hochhaus mit immerhin 37 Stockwerken residiert.

Ein Kontrastprogramm zu den Kolossen aus Stahl und Glas stellt der auf mehreren Ebenen angelegte **Robert F. Wagner Jr. Park** dar. Hier dokumentiert das **Museum of Jewish Heritage** ❻ (Sa geschl.) die Geschichte der Juden ab etwa 1880. Nach dem Besuch der Ausstellung bietet sich ein Spaziergang über die beschauliche **Esplanade** an. Die Brücke zur quirligen Businessmetropole schlägt das **World Financial Center,** eine Gruppe von vier unterschiedlich gestalteten Hochhäusern. Ihr Zentrum bildet der 1988 erbaute **Winter Garden** ❼, ein zehnstöckiges Atrium mit Königspalmen.

Winter Garden

Ein Besuchermagnet von makabrer Anziehungskraft ist **Ground Zero,** jener Platz, an dem bis zum 11. September 2001 die höchsten Gebäude der Stadt standen. Um die Wiederbebauung des Platzes gab es jahrelang ein unwürdiges Hickhack. Der ursprünglich von Daniel Libeskind geplante Freedom Tower wurde stark überarbeitet und ist nun als **One World Trade Center** wieder das höchste Gebäude der Stadt. Das 2011 zum 10. Jahrestag der Terroranschläge eröffnete **Ground Zero Memorial** ❽ ruft auf bedrückende Weise die Ereignisse und Folgen in Erinnerung – limitierte Zugangskarten (www.911memorial.org/visit).

Dass kein noch so furchtbares Ereignis die New Yorker langfristig aus dem Gleichgewicht bringt, zeigt z. B. das Outlet-Kaufhauses **Century 21** ❾ (s. Shopping, S. 139), das nur Schritte nördlich von Ground Zero liegt und trotz der trostlosen Umgebung prächtig Geschäfte macht.

Century 21

Touren im Anschluss: 2, 3, 4

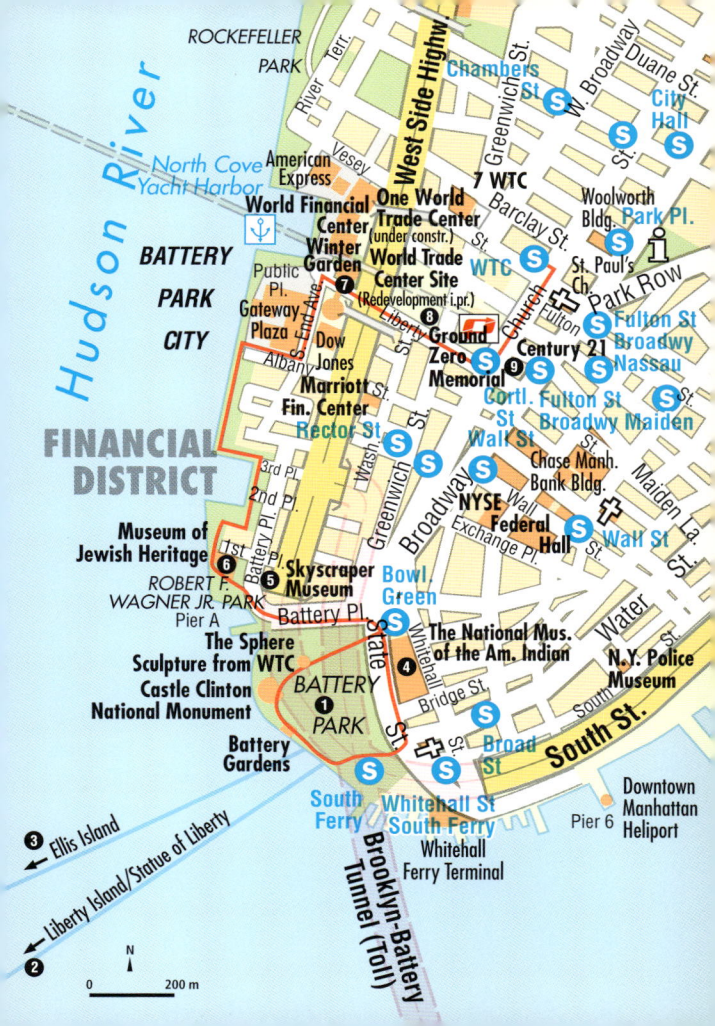

Financial District Map

Hudson River

ROCKEFELLER PARK

River Terr.

West Side Highway

Chambers St.
W. Broadway
Duane St.
City Hall
Greenwich St.
Vesey St.
North Cove Yacht Harbor
American Express
7 WTC
Barclay St.
Woolworth Bldg.
Park Pl.
World Financial Center
One World Trade Center (under constr.)
BATTERY PARK CITY
Winter Garden
World Trade Center Site (Redevelopment i.pr.)
WTC
St. Paul's Ch.
Park Row
Public Pl.
Gateway Plaza
End Ave.
Liberty St.
Ground Zero Memorial
Church St.
Fulton St.
Fulton St.
Broadway
Nassau St.
Albany St.
Dow Jones
Century 21
Marriott Fin. Center
Cortl. St.
Fulton St.
Broadwy Maiden
Rector St.
Wash. St.
Chase Manh. Bank Bldg.
FINANCIAL DISTRICT
3rd Pl.
Greenwich St.
Broadway
Maiden La.
2nd Pl.
NYSE
Wall St.
Museum of Jewish Heritage
Federal Hall
Exchange Pl.
Wall St.
1st Pl.
Battery Pl.
Skyscraper Museum
Bowl. Green
ROBERT F. WAGNER JR. PARK
Pier A
Battery Pl.
The Sphere Sculpture from WTC
State St.
The National Mus. of the Am. Indian
Water St.
Castle Clinton National Monument
N.Y. Police Museum
BATTERY PARK
Whitehall St.
Bridge St.
Battery Gardens
Broad St.
South St.
South Ferry
Whitehall St. South Ferry
Pier 6
Downtown Manhattan Heliport
3 ← Ellis Island
Whitehall Ferry Terminal
2 ← Liberty Island/Statue of Liberty
Brooklyn-Battery Tunnel (Toll)

N
0   200 m

Tour 2

Financial District: Kommerz und Kirchen

mittel

**Staten Island Ferry → Fraunces Tavern Museum →
Vietnam Veterans Memorial → New York Police Museum →
Wall Street → Trinity Church → St. Paul's Chapel**

»Geld regiert die Welt«, heißt es. Wenn das Sprichwort stimmt, befindet sich die Regierungszentrale des Mammons in Lower Manhattan. Die Wall Street gilt als Seismograph der Weltwirtschaft – hier nahm die weltweite Finanzkrise 2008 ebenso wie die Protestbewegung »Occupy« ihren Anfang. Ruhepole inmitten des Trubels bilden die Kirchen mit ihren idyllischen Friedhofsgärten.

Start: Ⓢ Whitehall St. – South Ferry (Train R, W)
Ziel: Ⓢ Fulton St. (Train 2, 3, 4, 5)
Wann: werktags, Start vor Arbeitsbeginn um 9 Uhr

Es scheint unglaublich: In einer der teuersten Städte der Welt gibt es eine hochkarätige Touristenattraktion ganz umsonst zu erleben. Vom **Whitehall Terminal ❶** fahren rund um die Uhr die **Staten Island Ferries** ab, die Manhattan mit der vorgelagerten Insel Staten Island verbinden. Vom Außendeck der Schiffe bietet sich ein atemberaubender Blick auf die Skyline Manhattans und auf die Freiheitsstatue. Während sich Touristen an den Eindrücken nicht sattsehen können, schauen Einheimische unbeteiligt in ihre Zeitung und nippen gelangweilt an ihrem Kaffee. Wer auf Staten Island gleich die Gegenfähre zurück nach Manhat-

Staten Island Ferry

12

tan nimmt, muss für den Schiffsausflug etwa 1 Std. veranschlagen. Zurück an Land, entführt ein Besuch des **Fraunces Tavern Museum** ❷ in die Zeit der amerikanischen Revolution, als New York für kurze Zeit Hauptstadt der jungen Vereinigten Staaten von Amerika war (So geschl.). In Fraunces Tavern stärkten sich die Revolutionäre, allen voran George Washington. Der Nachbau des Backsteinwirtshauses von 1717, dessen Inneres 2012 von Hurrikan Sandy stark in Mitleidenschaft gezogen wurde, beherbergt im Erdgeschoss ein Restaurant. Sollte es wieder einmal wegen Besitzerwechsel geschlossen sein, stellt das benachbarte **American Masala** (indisch-amerikanisch, ○) eine leckere Alternative dar.

Nur einen Block entfernt erinnert das **Vietnam Veterans Memorial** ❸ an einen weniger rühmlichen Teil der amerikanischen Geschichte. Auf dem Walk of Honor wird der mehr als 1700 New Yorker gedacht, die im Vietnam-Krieg ihr Leben verloren.

Das **New York Police Museum** ❹ setzt dem im Stadtbild allgegenwärtigen Police Officer ein Denkmal. In einer ehemaligen Polizeistation von 1901 kann man verfolgen, wie sich die Ausrüstung und das Image der Ordnungshüter im Laufe der Zeit verändert haben.

Eines der meistfotografierten Motive in der **Wall Street** ist die imposante *****Federal Hall** ❺. Das klassizistische Gebäude mit der Statue George Washingtons wurde 1842 dort erbaut, wo zuvor das erste Rathaus der Stadt stand. Weil die Federal Hall in vielen Filmen sinnbildlich für die Wall Street eingesetzt wird, ist der Glaube verbreitet, die berühmte **New York Stock Exchange** ❻ sei in

New York Stock Exchange

dem Gebäude untergebracht. Tatsächlich befindet sich die größte Börse der Welt gegenüber. Seit 1792 wird an der Wall Street gehandelt, anfangs unter einem Baum, seit 1903 in dem berühmten klassizistischen Bau mit Tempelfassade. Die Besuchergalerie, von der man das Handelsgeschehen in der Börsenhalle verfolgen konnte, ist seit 9/11 geschlossen.

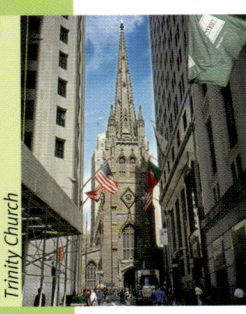

Wie ein in Stein gehauener Anachronismus steht die **Trinity Church** ❼ mitten im Finanzzentrum. Als die Kirche 1846 erbaut wurde, war sie dank ihres 90 m hohen Turms das höchste Gebäude der Stadt. Heute steht sie im Schatten riesiger Bürohochhäuser. Auf dem alten Friedhof, einer Oase der Ruhe, lässt sich gut verweilen. Zur Mittagszeit trifft man hier zuweilen Börsianer an, die ihre Pausensandwiches verzehren. Sichtungen der Finanzjongleure gibt es – die Zeiten ändern sich und auch manche Börsianer müssen inzwischen auf den Dollar schauen – auch im ungewöhnlichsten **McDonald's** der Stadt ❽ (160 Broadway). In dem Lokal wird zu Burgern und Pommes zuweilen sogar Live-Musik geboten. Zu kuriosen Begegnungen kann es kommen, wenn die nach Selbstverständnis »Könige der Finanzwelt« auf die Mitglieder der »Occupy Wall Street«-Bewegung treffen. Zur Trinity Church gehört auch **St. Paul's Chapel** ❾ weiter nördlich am Broadway. Die nahe der Zwillingstürme gelegene Kirche fungierte unmittelbar nach den Anschlägen als Hilfszentrum. Nach und nach entstand im Gotteshaus eine Ausstellung zu 9/11, bei der die Helfer im Mittelpunkt stehen.

Touren im Anschluss: 1, 3, 4

LOWER MANHATTAN
West Side Highw.
River Terr.
Murray St.
Reade
Greenwich St.
Washington St.
Chambers St
Duane St.
A.T. & T. Bldg.
Broadway
Lafayette St.
Baxter St.
Courts
COLUMBUS PARK
City Hall
J.K. Javits Fed. Bldg.
Chambers St
N.Y. County Courthouse
Americ. Express
Vesey
World Financial Center
Freedom Tower (under constr.)
7 WTC
Barclay St.
Woolworth Bldg.
U.S. Court of Intern. Trade
City Hall
Municipal Bldg.
Park Row
Police Hq.
World Trade Center Site (Redevelopment i.pr.)
WTC
St. Paul's Chapel
Park Pl.
Park Row
B'klyn Br. City Hall
Ave. of the Finest
St. James Pl.
WTC PATH-St.
Church St.
Fulton
Frankfort St.
Brooklyn Bridge
Dow Jones
Cortl. St
Fulton St
Broadwy Nassau
Pace Univ.
Marriott Fin. Center
Fulton St
Brdwy. Maiden
Nassau St.
Gold St.
NYU Downtown Hospital
Dover St.
Wall St
Trinity Ch.
McDonald's
Chase Manh. Bank Bldg.
Maiden La.
Pearl St.
Water St.
Rector St
Greenwich St.
Trinity Pl.
Broadway
NYSE
Wall
Federal Hall
Wall St
SOUTH STREET SEAPORT (HISTORIC DIST.)
Exchange Pl.
South St. Seaport Mus.
Bowl. Green
Beaver St.
Pearl St.
Water St.
Wall St.
South St.
Exhibition of Historic Vessels
Pier 17
BATTERY PARK
State St.
White-hall St.
Fraunces Tavern
American Masala
Broad St.
Citybank
N.Y. Police Museum
Broad St
South
The National Mus. of the American Indian
Vietnam Veterans Mem.
South Ferry
Whiteh. St
S. Ferry
Pier 6
Downtown Manhattan Heliport
Whitehall Ferry Terminal
Brooklyn-Battery Tunnel (Toll)
Staten Island Ferry
N
0
200 m
1
2
3
4
5
6
7
8
9

Tour **3**

Civic Center: Im Zentrum der Macht

mittel

*Woolworth Building → City Hall Park → Municipal Building → Brooklyn Bridge → New York Police Department → South Street Seaport

Auch eine Stadt wie New York muss verwaltet werden – angesichts der Größe der Metropole fallen die Regierungsgebäude imposant aus. Auf dieser Tour ist man dem Zentrum der Macht ganz nah. Entspannung finden die Mächtigen und nicht ganz so Mächtigen in der ehemaligen Hafengegend, die mit viel Aufwand zum Vergnügungsviertel umgestaltet wurde.

Start: Ⓢ Park Place (Train 2, 3)
Ziel: Ⓢ Wall St. (Train 2, 3)
Wann: tagsüber, am besten werktags

Für Architekturfans beginnt die Tour mit einem Paukenschlag: Das ***Woolworth Building** ❶ gilt als schönstes Geschäftsgebäude der Welt. Von seiner Erbauung 1913–30 war die 241 m hohe »Kathedrale des Kommerzes« New Yorks höchstes Gebäude. Architekt Cass Gilbert versah den Wolkenkratzer mit einem Turm, der einer gotischen Kathedrale nachempfunden ist; neogotische Details wie Wasserspeier, Ecktürmchen und Strebepfeiler zieren auch die Fassade. Die Art-déco-Lobby ist für die Öffentlichkeit eigentlich nicht mehr zugäng-

Woolworth Building (rechts)

lich. Wer dennoch einen Blick in die Eingangshalle erhascht, sieht unter der Balkonbrüstung Frank W. Woolworth kauern, karikiert als Centstücke zählender Gnom.

Der **City Hall Park** ❷ ist eine reizende Grünanlage, die allerdings von Hochhäusern fast erdrückt wird – Platz ist ein kostbares Gut in Manhattan. Das Gebäude, das dem Park seinen Namen gab, stellt im schnelllebigen New York ein kleines Wunder dar: 1812 im Federal Style gebaut, ist die **City Hall** auch fast 200 Jahre später noch Amtssitz des Bürgermeisters und des Stadtrats – eine Ewigkeit nach hiesigen Maßstäben.

Dem niedrigen Rathaus stiehlt das hoch aufragende, von der vergoldeten Skulptur »Civic Virtue« gekrönte **Municipal Building** im Osten die Schau. Das wiederum hat keine Chance gegen die **Brooklyn Bridge** ❸. Nach 16-jähriger, von vielen Katastrophen begleiteter Bauzeit wurde die damals längste Hängebrücke der Welt (1834 m) 1883 dem Verkehr übergeben. Wer sie zu Fuß überqueren möchte, bekommt rechts vom Municipal Building seine Chance.

Auf der Nordseite des City Hall Park konkurriert das Old New York County Courthouse mit dem Rathaus. Es wurde 1861–81 im viktorianischen Stil errichtet. Die New Yorker kennen den Gerichtshof als **Tweed Courthouse** ❹: Der korrupte Politiker William M. Tweed ließ bei seiner Erbauung beträchtliche Summen in die eigenen Taschen fließen.

Bauarbeiter entdeckten zwischen Duane und Elk Street 1993 einen Sklavenfriedhof aus dem 17. und 18. Jh. Heute sind die **African Burial Grounds** eine Gedenkstätte. Im angrenzenden

Ted Weiss Federal Building wurde ein kleines Besucherzentrum eingerichtet (290 Broadway, So und Mo geschl.).

Über die Duane Street führt der Weg am Südende der Federal Plaza vorbei zum Foley Square, der von Regierungs- und Verwaltungsgebäuden gesäumt ist. Besonders ins Auge sticht das **U.S. Courthouse** ❺, das Bundesgericht. Cass Gilbert zeichnete gemeinsam mit seinem Sohn Cass Gilbert Jr. für dieses neoklassizistisches Meisterwerk verantwortlich. Über die Pearl Street weiter zur Police Plaza, wo das **New York Police Department** ❻, NYPD, seinen Sitz hat. Das Gebäude dürfte nicht nur Fans der Fernsehserie »NYPD Blue« bekannt vorkommen.

Unter der Brooklyn Bridge hindurch gelangt man anschließend zur Fulton Street. Die früher eher zwielichtige Gegend hat eine erstaunliche Metamorphose durchgemacht. Auf dem einstigen Hafenareal etablierte sich mit dem **South Street Seaport** ein Shopping- und Freizeitzentrum mit Cafés, Restaurants und über 100 Geschäften, darunter eine Filiale des angesagten Modelabels **Abercrombie & Fitch** (s. Shopping, S. 138). Der legendäre Fulton Fish Market hat sich stark vergrößert nun in der Bronx niedergelassen. Im **South Street Seaport Museum** ❼ wird die maritime Geschichte New Yorks lebendig. Das Museum beherbergt die größte Flotte privat restaurierter historischer Schiffe in den USA. Von hier ist es über die South Street und die Wall Street nur noch ein kurzer Weg bis zum Endpunkt der Tour.

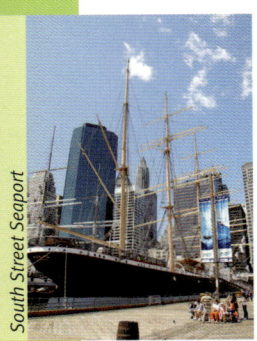

South Street Seaport

Touren im Anschluss: 1, 2, 4, 30

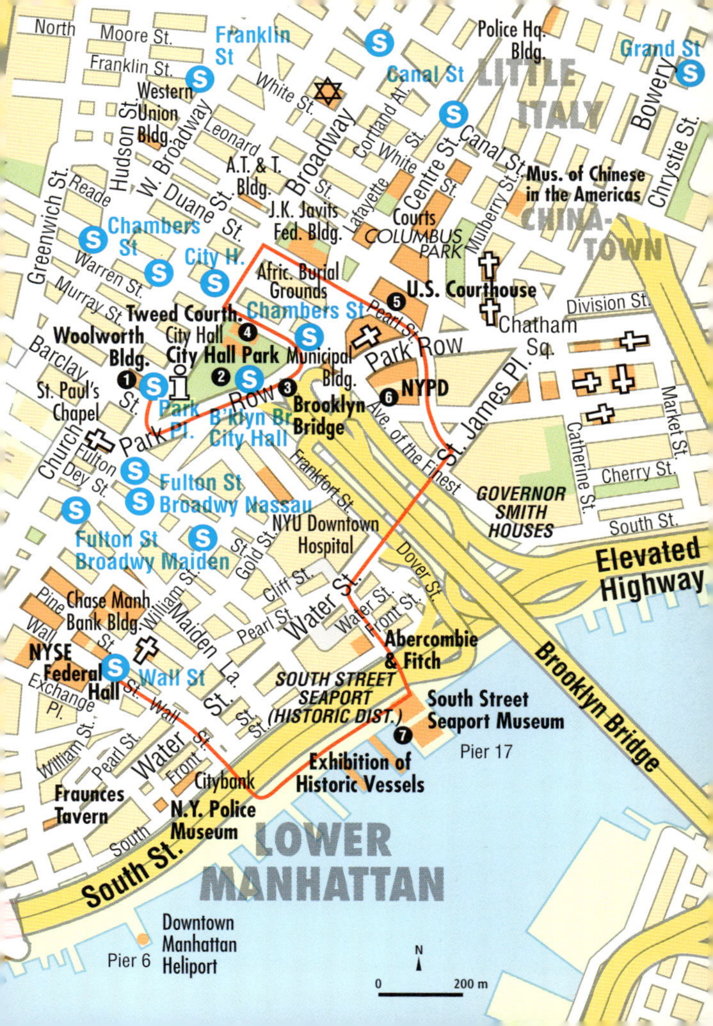
North
Moore St.
Franklin St
Franklin St.
Western Union Bldg.
Police Hq. Bldg.
Grand St
Canal St
LITTLE ITALY
White St.
Hudson St.
W. Broadway
Leonard
Broadway
Cortland Al.
White
St.
Canal St.
Bowery
Chrystie St.
Greenwich St.
Reade
Duane St.
A.T. & T. Bldg.
St.
Lafayette
Centre St.
St.
Mulberry St.
Mus. of Chinese in the Americas
CHINA-TOWN
Chambers St
St.
J.K. Javits Fed. Bldg.
Courts
COLUMBUS PARK
Warren St.
City H.
Afric. Burial Grounds
Murray St.
Tweed Courth.
Chambers St
Pearl St.
U.S. Courthouse
Division St.
Chatham Sq.
Woolworth Bldg.
City Hall
City Hall Park
Municipal Bldg.
Park Row
Barclay
St.
Row
Bldg.
NYPD
St. James Pl.
St. Paul's Chapel
Park Pl.
B'klyn Br. City Hall
Brooklyn Bridge
Ave. of the Finest
Market St.
Catherine St.
Church
Fulton
Park
Dey St.
Frankfort St.
Cherry St.
Fulton St Broadwy Nassau
GOVERNOR SMITH HOUSES
NYU Downtown Hospital
South St.
Fulton St Broadwy Maiden
Gold St.
St.
Dover St.
Elevated Highway
Cliff St.
Water St.
Water St.
Front St.
Pine
Chase Manh. Bank Bldg.
William St.
Maiden La.
Pearl St.
Abercombie & Fitch
Wall
St.
NYSE
Federal Hall
Wall St
Brooklyn Bridge
SOUTH STREET SEAPORT (HISTORIC DIST.)
South Street Seaport Museum
Exchange Pl.
St.
Wall
St.
St.
St.
Pier 17
William St.
Pearl St.
Water St.
Front
Citybank
Exhibition of Historic Vessels
Fraunces Tavern
N.Y. Police Museum
LOWER MANHATTAN
South
South St.
Downtown Manhattan Heliport
Pier 6
N
0
200 m

Tour 4

TriBeCa: Robert de Niros Lieblingsviertel

mittel

Washington Market Park → Western Union Building → Tribeca Film Center/Tribeca Grill → Nobu/Powell Building → Tribeca Grand Hotel/Church Lounge

TriBeCa hat eine erstaunliche Wandlung hinter sich. Aus dem tristen Industriegebiet wurde ein schmucker Wohnbezirk, »the place to be«, wenn es nach der Zeitschrift Forbes geht. Kaum irgendwo in New York werden höhere Immobilienpreise erzielt. Die ideale Gegend, um abends in einem der In-Lokale zu sitzen und Leute zu beobachten.

Start: Ⓢ Chambers St. (Train A, C, 2)
Ziel: Ⓢ Canal St. (Train 1)
Wann: gegen Nachmittag und abends

TriBeCa (Triangle below Canal Street) ist untrennbar mit dem Namen Robert de Niro verbunden, der sich massiv in dem Stadtteil engagiert. Nach den Anschlägen vom 11. September 2001 rief de Niro in »seinem« darbenden Viertel das inzwischen renommierte Tribeca Film Festival ins Leben. Plakate längst nicht nur von Filmen mit de Niro hat **Philip Williams** ❶ (s. Shopping, S. 142) im Sortiment. Der passionierte Sammler bezeichnet seinen Laden, in dem es etwa 1 Mio. Poster zu bestaunen (und zu kaufen) gibt, als Museum. Philip Williams, der 2007 in seine jetzigen Räumlichkeiten umzog, ist ein typisches Beispiel für den erneuten Aufschwung von TriBeCa nach 9/11.

Philip Williams

Die ehemaligen Fabrikgebäude und Lagerhallen des Viertels werden heute als Lofts und Ateliers genutzt. Auch Galerien und Einrichtungsgeschäfte wissen das großzügige Raumangebot zu schätzen. In TriBeCa liegen einige der besten Restaurants der Stadt. Ein erstes Ausrufezeichen in dieser Hinsicht setzt die **Blaue Gans** (139 Duane St., zw. W. Broadway/Church St., ○○). Besitzer und Sternekoch Kurt Gutenbrunner hat sich hier der österreichischen Wirtshaus-Tradition mit ausgezeichnetem Wiener Schnitzel und Apfelstrudel verschrieben.

Weiter auf der Duane Street in Richtung Westen und über den West Broadway hinweg führt der Weg zum **Washington Market Park ❷**. Die hübsche kleine Anlage ist ein Paradies für Kinder, denen zahlreiche Spielgeräte zur Verfügung stehen. Über die Jay Street geht es zurück zur Hudson Street und zu einem der markantesten Gebäude von TriBeCa: Das im Art-déco-Stil errichtete **Western Union Building ❸** beeindruckt durch seine an europäischen Vorbildern orientierte Fassadenzier. Zurück an der Greenwich Street wartet zwischen Franklin und Moore Streets wahrscheinlich nicht Robert de Niro selbst, aber sein ambitioniertestes TriBeCa-Projekt: Das **Tribeca Film Center ❹** erwacht insbesondere dann zum Leben, wenn das jährliche Tribeca Film Festival seinen Verlauf nimmt. Für neugierige Filmfans ist allerdings beim Pförtner Endstation. Auch außerhalb der Film-Saison ist hier im **Tribeca Grill** (amerikanisch, ○○○), an dem de Niro beteiligt ist, schwer ein Platz zu bekommen. Das Restaurant lebt von dem Image, regelmäßig von Stars wie

Wash. Market Park

Western Union Bldg.

Harvey Keitel frequentiert zu werden. Viele der Bilder an den Wänden sind Werke von de Niros Vater.

Robert de Niro scheint in TriBeCa überall seine Finger im Spiel zu haben. Auch bei dem berühmten Restaurant **Nobu** ❺ (s. Restaurants, S. 135) und seiner informelleren Dependance **Next Door Nobu** unmittelbar nebenan mischte der Schauspieler unternehmerisch als Mitgründer mit. Der Edel-Japaner ist im 1892 errichteten **Powell Building** untergebracht. Für den Entwurf des repräsentativen Hochhauses im Beaux-Arts-Stil zeichnete das Architekturbüro Carrère & Hastings verantwortlich; auf Wunsch seines Auftraggebers sollte es einen Kontrast zu den billig hochgezogenen Fabrikhallen der Umgebung bilden.

Nach einem Schlenker über Leonard Street und Broadway geht es weiter in die Franklin Street. Diesen Abschnitt der Straße haben die Anbieter von Designermöbeln für sich erobert. Über Church und White Streets gelangt man zu einem Wahrzeichen des »neuen« TriBeCa: Auch wer sich keine Übernachtung im **Tribeca Grand Hotel** ❻ (2 Ave. of the Americas, ○○○) leisten will, ist in der **Church Lounge** des Designhotels willkommen – die angesagte Restaurant-Bar ist ein idealer Platz, um Leute zu beobachten. Über Moore und Varick Streets geht es anschließend zur Ⓢ Canal Street. Hier befindet sich **Tribeca Cinemas** (54 Varick St.), der wichtigste Veranstaltungsort des Tribeca Film Festival. Außerhalb der »Saison« kann er für besondere Events gemietet werden.

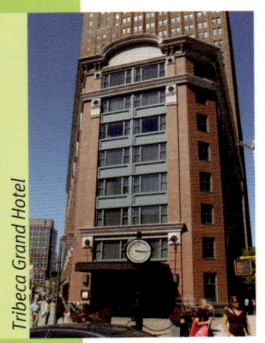

Tribeca Grand Hotel

Touren im Anschluss: 5, 6

HUDSON
RIVER
PARK
Holland Tunnel (Toll)
Pier 32
2010
Pier 21
ROCKEFELLER
PARK
West Street
Highway
West Side
9A
WEST
VILLAGE
W. Houston St.
Houston St
Washington St.
Charlton
Spring St.
Spring St
N.Y.C. Fire Museum
Canal St.
Broome St.
Ave. of the Americas
Thompson St.
Broadway
SOHO
Desbrosses St.
Wash. St.
Vestry St.
Hudson St.
Canal St
Tribeca Cinemas
Varick St.
St. John's La.
Grand
West
Broome St.
Greene St.
Hubert St.
TRIBECA
Nobu/ Powell Bldg.
Ericson Pl.
North Moore St.
Franklin St
Tribeca Grand H.
Canal St.
Walker
Canal St
Tribeca Film Center/ Tribeca Grill
Franklin St.
Harrison St.
Western Union Bldg.
White St.
Broadway
Jay St.
Staple St.
Hudson St.
W. Broadway
Leonard
Franklin
Lafayette St.
WASHINGTON MARKET PARK
Chambers St.
Terr.
River
End
Murray St.
North
Vesey
Reade
Duane
A.T.&T. Bldg.
Greenwich St.
Washington St.
Warren St.
Chambers St
City Hall
J.K. Javits Fed. Bldg.
Afric. Burial Grounds
Courts
Centre St.
U.S. Courthouse
Philip Williams
Tweed Courth.
City Hall
CITY HALL PARK
Chambers St
Municipal Bldg.
Park R.
NYPD
American Express
WFC
Freedom Tower (under constr.)
7 WTC
Barclay St.
Woolworth Bldg.
St.
Park Row
B'klyn Br. City Hall
Public Pl.
Gateway Plaza
S. End Ave.
World Trade Center Site (Redevelopment i.pr.)
WTC
St. Paul's Chapel
Church
Park Pl.
Frankfort St.
WTC PATH-St.
Dow Jones
Fulton
Park
Fulton St
Broadwy Nassau
Pace Univ.
NYU Downtown Hospital
N
0
200 m
Cortl. St
Fulton St Brdwy Maiden
St.
1
2
3
4
5
6

Tour 5

Kunst und Lifestyle in SoHo

NYC Fire Museum → Cast Iron Historic District → Dia Center for the Arts → Little Singer Building → New Museum of Contemporary Art

SoHo – kurz für South of Houston Street – erlebte einen kometenhaften Aufstieg vom heruntergekommenen Industriegebiet zum hippen In-Bezirk für Künstler und Bohemians. Von dem Boom profitiert auch NoHo, das Gebiet nördlich der Houston Street.

Start: Ⓢ Houston St. (Train 1)
Ziel: Ⓢ Broadway/Lafayette (Train B, D, F, M, G)
Wann: tagsüber

Feuer ist das erste Thema auf dieser Tour. Das **NYC Fire Museum** ❶ in der Spring Street muss sich nicht über einen Mangel an Besuchern beklagen. In einer ehemaligen Feuerwache von 1904 wird die Geschichte des Brandschutzes dokumentiert. Ein Feuer haben sich wohl auch die Stadtplaner in den späten 1960er-Jahren heimlich gewünscht, um ihre Probleme mit SoHo zu lösen. Bevor die Kreativen das Viertel eroberten, schien eine Sprengung der leer stehenden Fabriken und Lagerhäuser der letzte Ausweg zu sein. Dieser Maßnahme wären wohl auch die Cast-Iron-Buildings zum Opfer gefallen.

SoHo besitzt das weltweit größte Ensemble von Cast-Iron-Häusern. Bei diesen Bauten wurden einem Gerüst aus Stahlträgern vorgefertigte Fassadenteile aus Gusseisen vorgeblendet – eine schnelle und billige Bauweise, die zudem die Brandgefahr verringerte. Als Zugeständnis an den Zeitgeschmack ornamentierte man die Fertigbauteile und versah sie mit einem Anstrich. Im **Cast Iron Historic District** ❷, der sich vom W. Broadway zur Crosby Street und von der Houston bis zur Canal Street erstreckt, hat man rund 50 dieser Bauten unter Denkmalschutz gestellt.

Cast Iron Historic District

Einen Ruf besitzt SoHo auch als Künstlerhochburg. Fans der Serie »Sex and the City« werden sich erinnern: Charlotte arbeitete in einer Galerie. Die einschlägigen Szenen wurden in der **Louis K. Meisel Gallery** ❸ (141 Prince St.) gedreht. Im **Dia Center for the Arts** (141 Wooster St.; Mo, Di, Anfang Juni–Anfang Sept. geschl.) ist seit 1980 Walter de Marias Earth Room zu sehen. Bei der Land-Art-Installation handelt es sich um einen 60 cm hoch mit Erde gefüllten Raum.

L. K. Meisel Gallery

Modebewusste New Yorkerinnen mit Hang zur Extravaganz ziehen SoHo als Einkaufsadresse der Fifth Avenue vor. Zwar sind viele der hier ansässigen Designer inzwischen etabliert, nach wie vor findet man aber auch Ausgefallenes und Avantgardistisches. Die Greene Street mit ihren schönen Cast-Iron-Fassaden säumen Läden von **Anna Sui** (Nr. 113), **Jill Stuart** (Nr. 100) und **Kiki de Montparnasse** (Nr. 79), auch die **Mimi Ferzt Gallery** (Nr. 81) hat hier ihren Sitz. Im **TUMI Store** (102 Prince St.) be-

TUMI Store

25

kommt man die passenden Koffer und Reisetaschen, um die neu erworbenen Kostbarkeiten unterzubringen. Produkte dieses Herstellers sind bei den Amerikanern sehr beliebt. Fans der Rechner mit dem Apfel-Logo sollten sich den **Apple Store** ❹ (103 Prince St., s. Shopping, S. 139) nicht entgehen lassen.

Wenn der Kreditkartenrahmen beim Shopping noch nicht gesprengt wurde, bietet sich das angesagte Souterrain-Restaurant **The Mercer Kitchen** (147 Mercer St. zw. Prince/Houston Sts., asiatisch-französisch, ◐◐) zur Einkehr an.

The Mercer Kitchen

Beim **Little Singer Building** (561–563 Broadway) – »little«, weil es dem 41-stöckigen Hauptbau der Nähmaschinenfabrik nicht das Wasser reichen konnte – setzte Architekt Ernest Flagg 1904 eine zukunftsweisende Stahl-Glas-Konstruktion ein. Dass der Teufel Prada trägt, ist seit dem Film mit Meryl Streep bekannt. Aber auch für Normalsterbliche bietet sich in SoHo die Gelegenheit, bei **Prada** (575 Broadway) einzukaufen. Ein Abstecher in den Broadway führt zu Riesen-Filialen so beliebter Ketten wie Levi's, Old Navy und Banana Republic. Zum Anziehungspunkt entwickelte sich das **New Museum of Contemporary Art** ❺. In dem Bau, der aussieht, als hätte die Architektin Kazuyo Sejima hastig Bauklötze aufeinander gestapelt, wird auf 6000 m² zeitgenössische Kunst gezeigt (Mo, Di geschl.).

Dass das Gebiet nördlich der Houston Street das Potenzial hat als nächster Stadtteil groß herauszukommen, zeigt ein Spaziergang die Bowery hinauf. Das Szenelokal **Agozar** (324 Bowery, kubanisch, ◐) könnte sich so auch in SoHo befinden.

Touren im Anschluss: 6, 7, 8

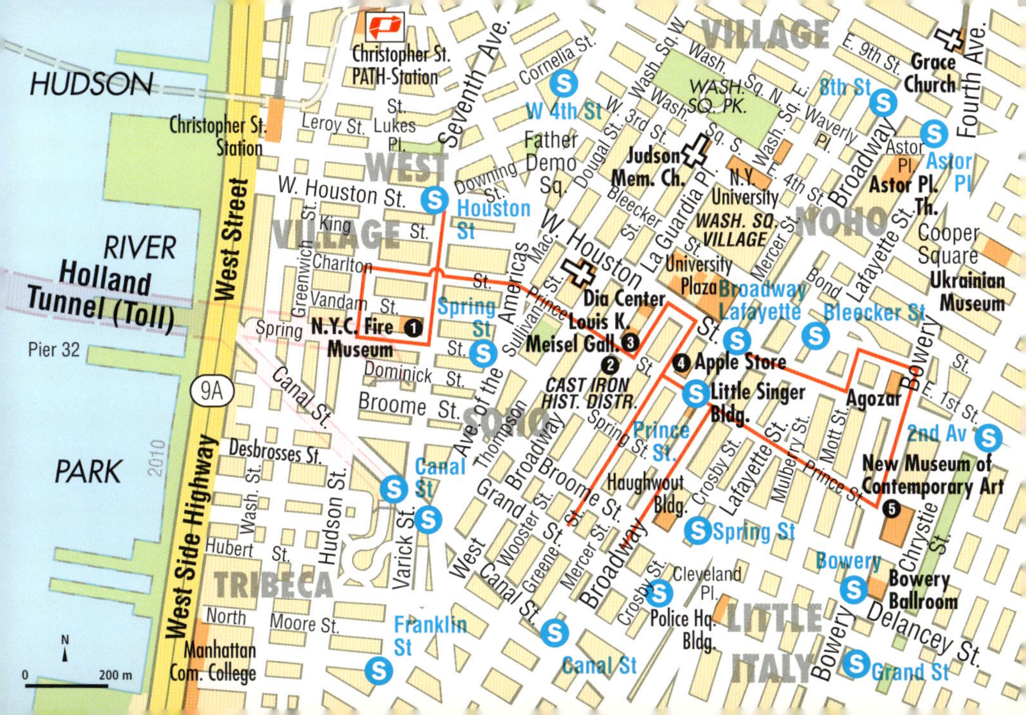
HUDSON
RIVER
Holland Tunnel (Toll)
Pier 32
PARK
2010
West Street
West Side Highway
9A
Christopher St. PATH-Station
Christopher St. Station
WEST VILLAGE
Seventh Ave.
Cornelia St.
W 4th St
Leroy St.
St. Lukes Pl.
Father Demo Sq.
Downing St.
Houston St
W. Houston St.
King St.
Charlton St.
Greenwich St.
Vandam St.
Spring St
N.Y.C. Fire Museum
Spring St.
Dominick St.
Broome St.
Canal St.
Desbrosses St.
Wash. St.
Hubert St.
Hudson St.
Varick St.
Canal St
TRIBECA
North Moore St.
Manhattan Com. College
Franklin St
Ave. of the Americas
Sullivan St.
Mac. Dougal St.
Prince St.
W. Houston St.
Dia Center
Louis K. Meisel Gall.
CAST IRON HIST. DISTR.
SOHO
Thompson St.
Broadway
Grand St.
West Broadway
Wooster St.
Greene St.
Mercer St.
Canal St.
Canal St
Broome St.
Spring St.
Prince St.
Haughwout Bldg.
Apple Store
Little Singer Bldg.
Crosby St.
Lafayette St.
Mulberry St.
Mott St.
Prince St.
Spring St
Cleveland Pl.
Police Hq. Bldg.
LITTLE ITALY
Bowery
Bowery Ballroom
Delancey St.
Grand St
Chrystie St.
New Museum of Contemporary Art
2nd Av
Agozar
E. 1st St.
Bowery
VILLAGE
Wash. Sq. W.
Wash. Sq. S.
WASH. SQ. PK.
Wash. Sq. N.
Wash. Sq. E.
W. 3rd St.
Bleecker St.
Judson Mem. Ch.
La Guardia Pl.
University Pl.
N.Y. University
WASH. SQ. VILLAGE
E. 4th St.
Mercer St.
University Plaza
Broadway Lafayette St.
Bleecker St
Bond St.
NOHO
Lafayette St.
Broadway
Waverly Pl.
8th St
E. 9th St.
Grace Church
Fourth Ave.
Astor Pl.
Astor Pl
Astor Pl. Th.
Cooper Square
Ukrainian Museum
N
0
200 m
1
2
3
4
5

Tour 6

Welten für sich: Chinatown und Little Italy

mittel

Museum of Chinese in the Americas → Chatham Square → St. James Place → Church of the Transfiguration → Mahayana Buddhist Temple → St. Patrick's Old Cathedral

In New York dauern Weltreisen nur wenige Stunden: Eben noch exotisches Treiben in Chinatown, dann ein Hauch von Mittelmeerflair in Little Italy. Das Déjà-vu-Erlebnis kommt in der Miniaturausgabe von Italien nicht von ungefähr: Viele Filme wurden hier gedreht, darunter Teile von »Der Pate« und Martin Scorseses »Mean Streets«.

Start: Ⓢ Canal St. (Train G, J, N, Q, R)
Ziel: Ⓢ 2nd Ave. (Train F)
Wann: tagsüber, Start am besten zur Mittagszeit

Wer die Metro verlässt, wähnt sich zunächst im falschen Film: Das Gewimmel auf beiden Seiten der Canal Street ist gewöhnungsbedürftig. Aus den Läden plärrt chinesische Musik, fliegende Händler bieten Raubkopien aktueller Kinohits auf DVD an. Die Geschichte der Chinesen in der Neuen Welt kann man im **Museum of Chinese in America** ❶ (Mo geschl.) in der Centre Street Revue passieren lassen. Der **Chatham Square** ❷ (offiziell Kim Lau Square) bildet den südlichen Abschluss von Chinatown. Der **Kim Lau Memorial Arch** erinnert an die New Yorker chinesischer Abstammung, die in den Weltkriegen ihr Leben ließen. Einige verbliebene historische Häuser stehen in seltsamem Kontrast

Chinatown

zu **Confucius Plaza,** einem großen Neubauprojekt am Nordende des Platzes. Unweit von Chatham Square, am **St. James Place,** ist ein Relikt aus den Gründungsjahren New Yorks erhalten geblieben. Der Friedhof der jüdischen Shearith-Israel-Gemeinde datiert bis ins Jahr 1656 zurück.

Bei einem Bummel durch Chinatown darf ein authentisches chinesisches Essen nicht fehlen. Die Qual der Wahl hat man in der Mott Street, der Hauptstraße des Viertels: Im Restaurant **Buddha Bodai** (5 Mott St., vegetarisch, ○○) gibt es z. B. ein fleischloses Barbecue oder vegetarisches Hühnchen süß-sauer. Beliebt als Snack sind Dim Sum, gedämpfte oder frittierte gefüllte Teigtaschen. Sie werden von Kellnern auf Rollwagen immer wieder am Tisch vorbeigefahren, und man bedient sich so lange, bis man satt ist. Das **Mandarin Court** (s. Restaurants, S. 135) wahrt die Tradition, Dim Sum nur bis zum frühen Nachmittag zu servieren. Für amerikanische Verhältnisse steinalt ist die **Church of the Transfiguration** ❸. Der Bau der Kirche wurde 1801 von aus Deutschland geflüchteten Lutheranern veranlasst. Heute werden hier die Messen nicht nur in Englisch, sondern auch in Kantonesisch und Mandarin gelesen.

Zurück auf der Canal Street, geht es weiter in Richtung Osten. An der Auffahrt zur Manhattan Bridge hat der **Mahayana Buddhist Temple** ❹ seinen Platz gefunden. Die Gläubigen scheint es nicht zu stören, dass auf dem größten Tempel Chinatowns ein Billboard Reklame für alles Mögliche macht.

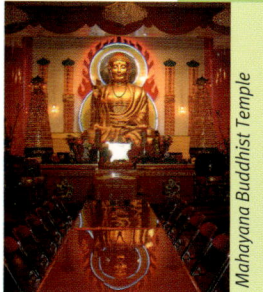

Transfiguration-Church

Mahayana Buddhist Temple

Der riesige Buddha – angeblich der größte in New York – sitzt im Tempelinneren und lässt sich von dem hektischen Treiben ringsum nicht beirren.

Während sich Chinatown in alle Richtungen ausdehnt, schrumpft die italienische Gemeinde immer weiter – und macht dem Namen »Little Italy« so ungewollt alle Ehre. Heute konzentriert sich das Viertel auf die Mulberry Street und ihre direkte Umgebung. Little Italy mag im Wesentlichen aus nur einer Straße bestehen, die aber hat es in sich: In jedem Haus, so scheint es, wurde ein Delikatessengeschäft, Café oder Restaurant untergebracht. Ein Dauerbrenner ist **Il Palazzo** ❺ (Nr. 151, ○○) mit Garten im Hof; im **Pellegrino's** (Nr. 138, ○○○) wird die feinere Küche zelebriert. Alljährlich um den 19. September feiert Little Italy zu Ehren des Heiligen Gennaro ein großes Straßenfest (s. Events, S. 149). Zahlreiche Stände laden zum Kaufen und Probieren ein, und der Reliquienschrein wird durch die Straßen getragen.

Um den Charme von Little Italy in sich aufzunehmen, empfiehlt sich ein Bummel über die Grand, Elisabeth und Kenmare Streets. Zurück auf der Mulberry Street, wartet dann noch ein kulturelles Highlight: Der Grundstein für die **St. Patrick's Old Cathedral** ❻ wurde bereits 1809 gelegt, das Gotteshaus war damit die erste Kathedrale der Stadt. Nach heutigen Maßstäben wirkt die 36 m lange und 24 m breite Kirche eher bescheiden, vor 200 Jahren muss der Bau aber imponiert haben. Die 1852 gebaute Orgel, eine Erben 3–41, wird heute noch bei den Gottesdiensten eingesetzt.

Touren im Anschluss: 5, 7, 8

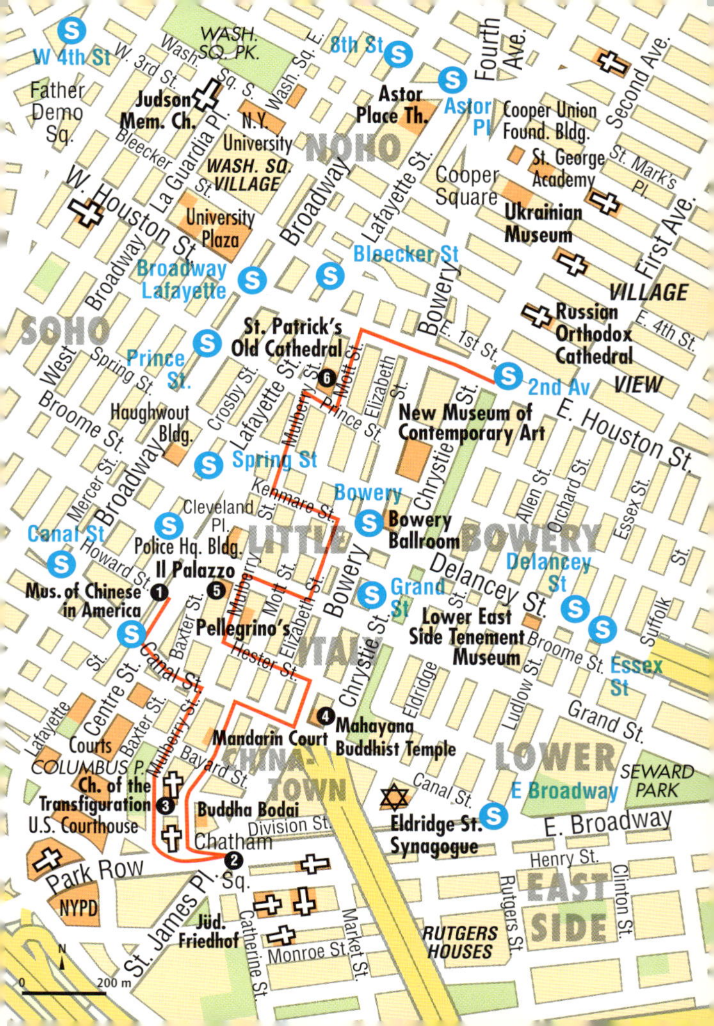
W 4th St
WASH. SQ. PK.
8th St
Father Demo Sq.
W. 3rd St.
Wash. Sq. S.
Wash. Sq. E.
Judson Mem. Ch.
N.Y. University
Astor Place Th.
Astor Pl
Fourth Ave.
Cooper Union Found. Bldg.
Second Ave.
Bleecker St.
La Guardia Pl.
WASH. SQ. VILLAGE
NOHO
St. George Academy
St. Mark's Pl.
W. Houston St.
University Plaza
Broadway
Lafayette St.
Cooper Square
Ukrainian Museum
First Ave.
Bleecker St
Broadway Lafayette
Bowery
VILLAGE
SOHO
West Broadway
Spring St.
Prince St.
St. Patrick's Old Cathedral
E. 1st St.
Russian Orthodox Cathedral
E. 4th St.
Mott St.
2nd Av
VIEW
Broome St.
Haughwout Bldg.
Crosby St.
Lafayette St.
Mulberry St.
Prince St.
Elizabeth St.
Chrystie St.
New Museum of Contemporary Art
E. Houston St.
Mercer St.
Broadway
Spring St
Kenmare St.
Bowery
Allen St.
Orchard St.
Essex St.
Cleveland Pl.
Canal St
Police Hq. Bldg.
LITTLE
Bowery Ballroom
BOWERY
Delancey St
Howard St.
Il Palazzo
Mus. of Chinese in America
Mulberry St.
Mott St.
Elizabeth St.
Bowery
Grand St
Delancey St.
Baxter St.
Pellegrino's
Chrystie St.
Lower East Side Tenement Museum
Suffolk St.
Canal St.
Hester St.
ITALY
Broome St.
Essex St
Centre St.
Eldridge St.
Ludlow St.
Lafayette St.
Baxter St.
Mulberry St.
Mahayana Buddhist Temple
Grand St.
Courts
Mandarin Court
LOWER
COLUMBUS P.
Bayard St.
CHINA-TOWN
SEWARD PARK
Ch. of the Transfiguration
Canal St.
E Broadway
U.S. Courthouse
Buddha Bodai
Division St.
Eldridge St. Synagogue
E. Broadway
Chatham Sq.
Park Row
Henry St.
Rutgers St.
Clinton St.
EAST SIDE
NYPD
St. James Pl.
Jüd. Friedhof
Catherine St.
Monroe St.
Market St.
RUTGERS HOUSES
N
0
200 m
1
2
3
4
5
6

Tour 7

Lower East Side: Das jüdische New York

mittel

Seward Park → Eldridge Street Synagogue → Puchao Buddhist Temple → Kehila Kedosha Janina Synagogue and Museum → Lower Eastside Tenement Museum

Einst war die Lower East Side die Hochburg der Juden in New York, wovon Synagogen, Tuchhandlungen und jüdische Bäckereien noch heute zeugen. Inzwischen hat sich Chinatown nach Osten ausgedehnt, und auch viele Hispanics lassen sich in der Region nieder. Ein faszinierender Mix unterschiedlicher Kulturen ist die Folge.

Start: Ⓢ E. Broadway (Train F)
Ziel: Ⓢ 2nd Ave. (Train F)
Wann: bei schönem Wetter, täglich außer Sa (jüdisches Wochenende)

Der erste Eindruck von der Lower East Side entspricht so gar nicht dem Klischee eines jüdisch geprägten Stadtteils: Im **Seward Park** ❶, früher Treffpunkt Arbeit suchender Einwanderer, führen Chinesen ihre Tai-Chi-Übungen durch. An das jüdische Erbe im Viertel erinnert aber wenig weiter **Kossar's Bialys** ❷ (367 Grand St.), die älteste Bialy-Bäckerei in den USA. Polnische Einwanderer brachten das Rezept für die pikant gefüllten Hefebrötchen mit, die heute eine New Yorker Spezialität darstellen. Die **Eldridge Street Synagogue** ❸ ist die größte von einst über

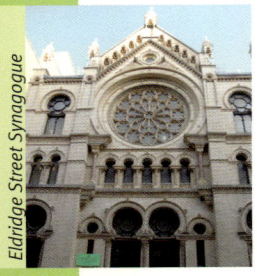

Eldridge Street Synagogue

300 Synagogen, deren Gemeinden jedoch stark geschrumpft oder verschwunden sind. Ein Besuch des angeschlossenen Museums beinhaltet eine Tour durch das mit maurischen Stilelementen versehene Bethaus (Sa geschl.). Gleich neben der Synagoge steht – bezeichnend für die Lower East Side – der kleine **Puchao Buddhist Temple.**

Der **Harris Levy Linen Store** ❹ an der Forsyth Street entwickelte sich bald nach der Eröffnung 1894 zu einer der führenden Tuchhandlungen New Yorks – und gehört heute zu den letzten Vertretern dieser Geschäftsgattung. Die **Kehila Kedosha Janina Synagoge** ❺ wurde 1927 von Romanioten erbaut und ist heute das einzige Gotteshaus dieser aus Griechenland stammenden Splittergruppe des Judentums. Ein kleines Museum informiert über ihre 2000 Jahre alte Kultur. Bei Lunch-Touren führt die Museumsdirektorin durch die Synagoge und lädt anschließend zu einer koscheren Mahlzeit ein (www.kkjsm.org).

In der Hausnummer 103 der Orchard Street befindet sich das Visitor Center des **Lower Eastside Tenement Museum** ❻, von dem aus Touren zu den Tenement-Häusern starten. Diese Mietshäuser wurden ab 1860 schnell und billig hochgezogen, um Unterkünfte für die massenhaft eintreffenden Einwanderer zu schaffen. Das Museum selbst hat in der Hausnummer 97 seinen Sitz. In dem Tenement Building von 1863/64 geben rekonstruierte Wohnräume, Filme, Fotos u. a. Dokumente eine Vorstellung von den Lebensbedingungen der Immigranten. Die Schicksale verschiedener Einwandererfamilien werden exemplarisch vorgestellt. Die Museumsbetreiber ergänzen ihre Tour neuerdings auch durch Sonderausstellungen mit multimedialen Elementen.

Orchard Street

Jeden Sonntag wird die Orchard Street zwischen Delancey und E. Houston Streets für Autos gesperrt. Dann kann man im sog. Bargain District ungestört auf Schnäppchenjagd gehen – kleine Boutiquen, Juweliere, Schuh- und Accessoire-Geschäfte locken mit günstigen Angeboten. Sollte es beim Shopping Abend geworden sein, bietet es sich an, gleich noch einen Kneipenbummel anzuschließen. An der Rivington Street sollte man zunächst dem futuristischen **Hotel on Rivington** (Nr. 107) einen Blick gönnen, bevor man seine Wahl unter den zahlreichen Bars, Cafés und Restaurants entlang der Clinton Street trifft. Lob von seinen Gästen heimst **Frankies Spuntino** (Nr. 17, italienisch, ○) ebenso ein wie die **Clinton Street Baking Co.** (Nr. 4, amerikanisch, ○○).

An der Houston Street wartet noch ein Höhepunkt im doppelten Wortsinn: **Katz's Delicatessen** ❼ (s. Restaurants, S. 134) war Schauplatz der berühmten Orgasmus-Szene im Film »Harry und Sally«. Auch die **Mercury Lounge** (Nr. 217) ein paar Häuser weiter verdient Beachtung. In dem angesehenen Rock-Club traten schon Lou Reed, die Dandy Warhols oder Tony Bennett auf. Für Cineasten ist das **Sunshine Cinema** ❽ (Nr. 143), ein Programmkino alter Schule, eine gute Adresse. Großes Kino ist auch der gigantische Bio-Supermarkt **Whole Foods Market** (Nr. 95; mit szenigem Schnellrestaurant). Das verlockend präsentierte Warenangebot lässt selbst eingeschworene Fastfood-Fans das Lager wechseln.

Touren im Anschluss: 5, 6, 8

Map: Lower East Side / Chinatown / Little Italy

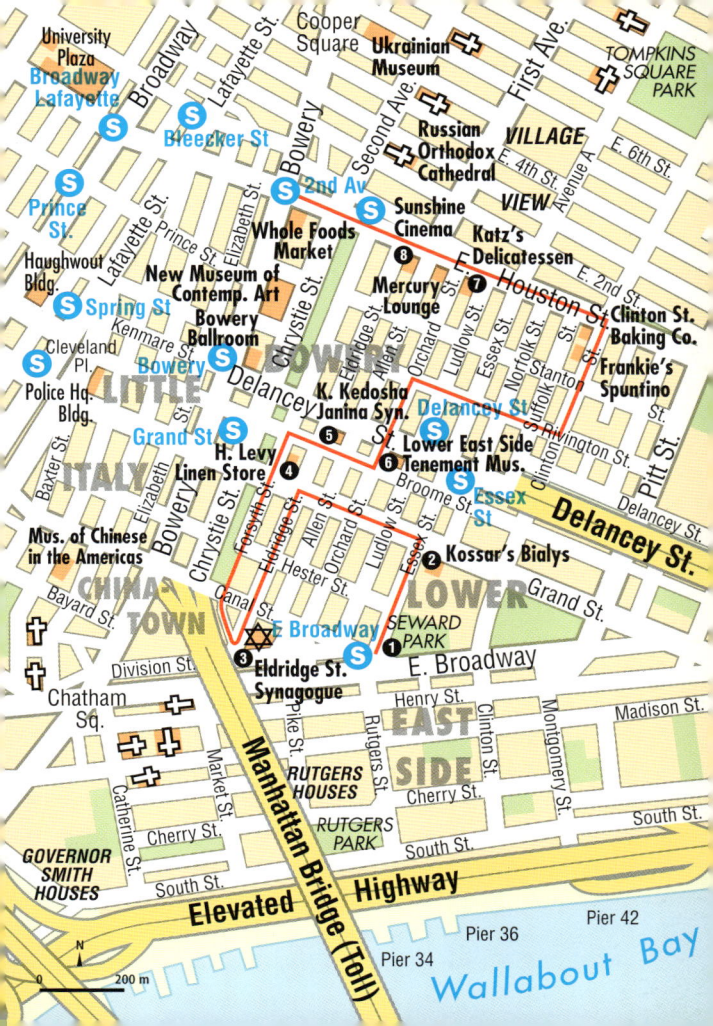

Streets and Avenues
- Broadway
- Lafayette St.
- Crosby St.
- Mulberry St.
- Mott St.
- Elizabeth St.
- Bowery
- Chrystie St.
- Forsyth St.
- Eldridge St.
- Allen St.
- Orchard St.
- Ludlow St.
- Essex St.
- Norfolk St.
- Suffolk St.
- Clinton St.
- Pitt St.
- Second Ave.
- First Ave.
- Avenue A
- Lafayette St.
- Prince St.
- Kenmare St.
- Spring St.
- Baxter St.
- Bayard St.
- Canal St.
- Hester St.
- Grand St.
- Broome St.
- Delancey St.
- Rivington St.
- Stanton St.
- E. Houston St.
- E. 2nd St.
- E. 4th St.
- E. 6th St.
- Division St.
- E. Broadway
- Henry St.
- Pike St.
- Rutgers St.
- Jefferson St.
- Clinton St.
- Montgomery St.
- Madison St.
- Market St.
- Catherine St.
- Cherry St.
- South St.
- Manhattan Bridge (Toll) Elevated Highway

Points of Interest
- University Plaza
- Broadway Lafayette (S)
- Bleecker St (S)
- Cooper Square
- Ukrainian Museum
- Russian Orthodox Cathedral
- VILLAGE VIEW
- Tompkins Square Park
- Prince St (S)
- Haughwout Bldg.
- 2nd Av (S)
- Sunshine Cinema
- Katz's Delicatessen
- Whole Foods Market
- New Museum of Contemp. Art
- Bowery Ballroom
- Mercury Lounge
- Spring St (S)
- Clinton St. Baking Co.
- Frankie's Spuntino
- Cleveland Pl.
- Police Hq. Bldg.
- Bowery (S)
- LITTLE ITALY
- BOWERY
- K. Kedosha Janina Syn.
- Delancey St (S)
- Grand St (S)
- H. Levy Linen Store
- Lower East Side Tenement Mus.
- Essex St (S)
- Mus. of Chinese in the Americas
- CHINATOWN
- Kossar's Bialys
- LOWER EAST SIDE
- Seward Park
- Eldridge St. Synagogue
- Chatham Sq.
- RUTGERS HOUSES
- RUTGERS PARK
- GOVERNOR SMITH HOUSES
- Pier 34
- Pier 36
- Pier 42
- Wallabout Bay

Numbered stops: 1, 2, 3, 4, 5, 6, 7

0 — 200 m

Tour 8

East Village: Bastion der Gegenkultur

kurz

Astor Place → Merchant's House Museum → Ukrainian Museum → St. Mark's in the Bowery → Tompkins Square Park → New York Theater Workshop

Im Westen vielleicht nichts Neues – wohl aber im Osten. Das East Village, genau genommen die nördliche Fortsetzung der Lower East Side, schickt sich an, zum nächsten Trendbezirk zu werden. Vor allem rund um den Tompkins Square haben zahlreiche schicke Boutiquen und Cafés eröffnet – das Viertel hat jedoch noch viel von seinem einstigen anarchischen Flair bewahrt.

Start: Ⓢ Astor Place (Train 6)
Ziel: Ⓢ 2nd Ave./Lower East Side (Train F)
Wann: tagsüber

Das East Village hat Höhen und Tiefen erlebt. Aus »Klein Deutschland«, an das noch heute viele Hausinschriften erinnern, entwickelte sich eine Enklave der Osteuropäer, dann eine Hochburg der Beatniks, später der Hippies. Östlich der 1st Avenue verkam der Bezirk, bis aus SoHo geflüchtete Kreative das Heft in die Hand nahmen. Ein gutes Beispiel für die Rolle, die das East Village in Sachen Kultur einnimmt, sind drei seltsame Blauköpfe: Die **Blue Man Group** (s. Nightlife, S. 144) verdiente sich im **Astor Place Theater** erste Lorbeeren. Dass die Kunst im Viertel von je-

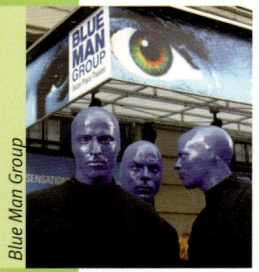

Blue Man Group

her eine todernste Angelegenheit war, zeigte sich im Mai 1849. Ein Schauspieler hatte sich abfällig über einen Kollegen geäußert. Hunderte Fans der Darsteller prügelten sich daraufhin am **Astor Place** ❶, die Polizei schoss in die Menge, 19 Menschen starben. Heute dient die Verkehrsinsel insbesondere Skateboard-Fahrern als Treffpunkt.

Der Weg führt auf der Lafayette Street nach Süden zur E. 4th Street. Hier lädt das **Merchant's House Museum** ❷ (Di, Mi geschl.) zu einer Zeitreise ein. Nicht nur der klassizistische Backsteinbau selbst, auch die Inneneinrichtung stammt aus dem frühen 19. Jh., als sich das Haus im Besitz der reichen Kaufmannsfamilie Tredwell befand. Das **Ukrainian Museum** ❸ (Mo, Di geschl.) zeigt ukrainische Volkskunst, u. a. 900 Pysanky, kunstvoll bemalte Ostereier.

Die 1799 erbaute Kirche **St. Mark's in the Bowery** ❹ steht spätestens seit den 1950er-Jahren der alternativen Szene offen. Fortschrittliche Pastoren ließen hier Beatnik-Dichter lesen, in der Hippie-Ära traten Schauspieler und Liedermacher auf. Heute engagiert sich St. Mark's für drei bemerkenswerte Projekte in den Bereichen Tanz, Theater und Literatur: das Tanztheater Danspace Project, das Ontological-Hysteric Theater und das Poetry Project.

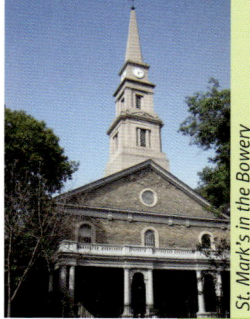

St. Mark's in the Bowery

St. Mark's Place gilt heute als Hauptstraße des East Village. Ein Beispiel für die gastronomische Vielfalt des Viertels ist **Momofuku** (171 1st Ave., japanisch, ⚪⚪). Das winzige Lokal ist auf Ramen spezialisiert, die außerhalb Japans vorwiegend als Instant-Snack bekannte Nudelsuppe.

Bereits seit 1892 laden die **Russian and Turkish Baths** ❺ zum Entspannen im Dampfbad und zu lockernden Massagen ein. Russischer Tradition entstammt die Platza-Behandlung, bei der der Körper mit frischem Eichenreisig abgeklopft wird. Im angeschlossenen Restaurant kann man sich danach mit Borscht und Blini stärken. Mit dem 62 000 m² großen **Tompkins Square Park** ❻ beginnt Alphabet City, so benannt, weil die Avenues hier statt durch Zahlen durch Buchstaben gekennzeichnet werden. Der Park selbst, früher etwas zwielichtig, ist heute eine familienfreundliche Oase. Sein Hundeauslauf, nach Größe der Vierbeiner in verschiedene Zonen unterteilt, gilt als bester der Stadt. Es gibt mehrere Spielplätze, und auch Baseball- und Basketballspieler kommen zu ihrem Recht. Über Avenue A und E. 3rd Street führt der Weg zurück auf die 1st Avenue und damit in die Welt der Zahlen. Im **Anyway-Café** (2nd St, Ecke 2nd Ave) kann man nicht nur einen Kaffee trinken, sondern auch interessante Getränke ausprobieren – z. B. einen Schokoladen-Martini. Nur Mut!

Vorletzte Station der Tour ist der **New York Theatre Workshop** ❼. Das Off-Broadway-Theater macht immer wieder durch spektakuläre Produktionen von sich reden, u. a. wurde hier das Musical »Rent« uraufgeführt. Im **Bowery Poetry Club** ❽ (308 Bowery) versuchen sich die Lyrik-Helden von morgen schon heute an gewagter Wortakrobatik.

Touren im Anschluss: 5, 7, 9, 10

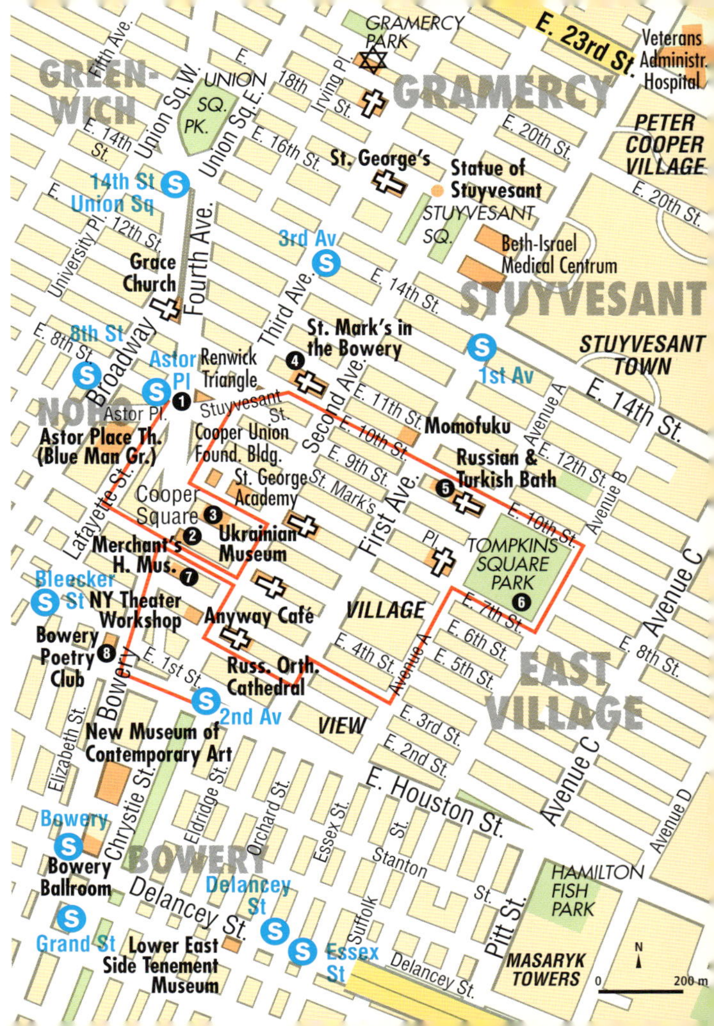
GRAMERCY PARK
E. 23rd St.
Veterans Administr. Hospital
GREENWICH
Fifth Ave.
E. 18th
UNION SQ. PK.
Union Sq.W.
Union Sq.E.
Irving Pl.
St.
GRAMERCY
E. 20th St.
PETER COOPER VILLAGE
E. 14th St.
E. 16th St.
St. George's
Statue of Stuyvesant
STUYVESANT SQ.
E. 20th St.
14th St Union Sq
E. 12th St.
University Pl.
Fourth Ave.
3rd Av
Beth-Israel Medical Centrum
Grace Church
Third Ave.
E. 14th St.
STUYVESANT
E. 8th St.
8th St
Broadway
St. Mark's in the Bowery
STUYVESANT TOWN
Astor Pl
Renwick Triangle
1st Av
NOHO
Astor Pl.
Stuyvesant St.
Second Ave.
E. 11th St.
Avenue A
E. 14th St.
Astor Place Th. (Blue Man Gr.)
Cooper Union Found. Bldg.
E. 10th St.
Momofuku
Russian & Turkish Bath
E. 12th St.
St. George Academy
E. 9th St.
St. Mark's Pl.
Avenue B
Cooper Square
Lafayette St.
First Ave.
E. 10th St.
Merchant's H. Mus.
Ukrainian Museum
TOMPKINS SQUARE PARK
Avenue C
Bleecker St
NY Theater Workshop
Anyway Café
VILLAGE
E. 7th St.
E. 8th St.
Bowery Poetry Club
E. 6th St.
E. 4th St.
E. 5th St.
E. 1st St.
Russ. Orth. Cathedral
Avenue A
EAST VILLAGE
Bowery
2nd Av
VIEW
E. 3rd St.
Elizabeth St.
New Museum of Contemporary Art
E. 2nd St.
E. Houston St.
Avenue C
Chrystie St.
Eldridge St.
Orchard St.
Essex St.
St.
Avenue D
Bowery
BOWERY
Stanton St.
HAMILTON FISH PARK
Bowery Ballroom
Delancey St.
Delancey St
Pitt St.
Grand St
Lower East Side Tenement Museum
Suffolk
Essex St
Delancey St.
MASARYK TOWERS
N
0
200 m
1
2
3
4
5
6
7
8

kurz

Tour 9

Drei Parks im Herzen von Manhattan

Union Square → Gramercy Park → Madison Square Park → Metropolitan Life Insurance Company Tower → *Flatiron Building

Gegensätze, wie sie größer kaum sein könnten: hier der Union Square, immer wieder Versammlungsort für Tausende, dort der Gramercy Park, zugänglich nur für Bewohner der Luxusimmobilien ringsum. Der Spaziergang durch das Herz von Manhattan ist auch eine Reise in die Geschichte eines seiner beliebtesten Viertel.

Start: Ⓢ 14th St./Union Square (Train L, N, Q, 4, 6)
Ziel: Ⓢ 23rd St. (Train N, R)
Wann: bei schönem Wetter; Mo, Mi, Fr und Sa ist auf dem Union Square Greenmarket

Jede amerikanische Stadt, die etwas auf sich hält, hat einen Union Square. New York macht da natürlich keine Ausnahme. Der **Union Square** ❶ sah 1861 nach dem Fall von Fort Sumter im Bürgerkrieg die größte Menschenmenge, die bis dahin je zu einer Kundgebung zusammengeströmt war. Seine Funktion als Versammlungsplatz behielt er bis heute bei – nach den Anschlägen vom 11. September 2001 trafen sich hier die Trauernden. Blickfang des Platzes ist eine Reiterstatue von George Washington. Zu ihren Füßen findet viermal wöchentlich der beliebte Greenmarket statt, auf dem Farmer

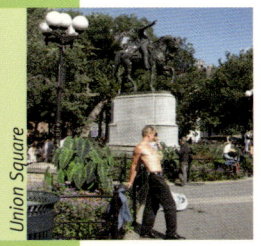

Union Square

aus dem Umland ihre Erzeugnisse anbieten. Der kleine grüne Bereich des Union Square war früher Privatbesitz der reichen Hausbewohner der Umgegend. Heute leben die, die es sich leisten können, in den **Zeckendorf Towers** im Südosten des Platzes, wo eine Dreizimmerwohnung trotz Immobilienkrise zig Mio. Dollar kostet.

Wem nach all dem Gemüse auf dem Greenmarket der Sinn nach Fleischernem steht, der steuert Irving Place an. Dort begrüßt **Pete's Tavern** ❷ (129 E. 18th St., amerikanisch-italienisch, ○○) seit 1864 Gäste. Selbst die Prohibition konnte dem traditionsreichen Pub nichts anhaben – hinter der Tarnung eines Blumenladens lief der Schankbetrieb weiter. Der Häuserblock zwischen Irving Place, 3rd Avenue, E. 18th Street und Gramercy Park wird wegen seiner schönen Architektur aus den 1920er-Jahren auch **Block Beautiful** genannt. Irving Place endet am **Gramercy Park** ❸, der an einen Londoner Square erinnert – die hübschen Backsteinbauten, die ihn umranden, könnten genau so in England stehen. Die Grünanlage im Zentrum kann nur von außen bewundert werden: Ihre Nutzung ist Anwohnern und Gästen des nahen Gramercy Park Hotels vorbehalten.

Wer nun eine Stärkung braucht, kann im hoch gelobten Restaurant **Aleo** ❹ einkehren. Wenn es ein bisschen edler sein soll, empfiehlt sich die **Gramercy Tavern** (s. beide Restaurants, S. 132/133). Anschließend führt die Tour weiter zum **Madison Square Park** ❺. Wie der Gramercy Park war die Anlage bis 1860 ein Privatpark, wurde aber später der Öffentlichkeit zugänglich gemacht. Bis 1925 stand hier der berühmte Madison Square Garden, eine populäre Vergnügungsstätte.

Madison Square Park

Im Norden des Platzes lohnt das **Museum of Sex** (233 Fifth Ave., tgl.) einen Besuch. Es beschäftigt sich unter wechselnden Aspekten mit der menschlichen Sexualität. Im Museumsshop gibt es einige ganz und gar außergewöhnliche Souvenirs.

Der Süden des Madison Square Park ist für Architekturfans interessant. Im Südosten steht der **Metropolitan Life Insurance Company Tower** ❻ (oder Met Life Tower). Mit einer Höhe von 213 m und 52 Stockwerken war er bis zur Fertigstellung des Woolworth Building 1913 das höchste Gebäude der Welt; für den 1909 fertig gestellten Turm diente der Campanile von St. Markus in Venedig als Vorbild. Der Met Life Tower war ursprünglich mit sog. Tuckahoe Marmor verkleidet. Bei der Renovierung 1964 verwendete man an seiner Stelle Kalkstein und ersetzte auch den Bauschmuck im Stil der Neorenaissance durch glatte, moderner wirkende Oberflächen.

Im Vergleich zum Met Life Tower wirkt das *****Flatiron Building** ❼ im Südwesten von Madison Square Park geradezu klein. Die New Yorker begleiteten 1902 die Fertigstellung des ersten Wolkenkratzers mit skeptischen Kommentaren. Ein Gebäude dieser Größe, so hieß es, würde beim ersten Windstoß umfallen. Dass die Befürchtungen der Kritiker nicht eintraten, liegt daran, dass für das Flatiron Building erstmals die Stahlskelett-Bauweise eingesetzt wurde. Die dreieckige, an ein Bügeleisen *(flatiron)* erinnernde Form des Gebäudes resultiert übrigens aus seiner Lage auf einem spitzwinkligen Grundstück.

Touren im Anschluss: 13, 14

Flatiron Building

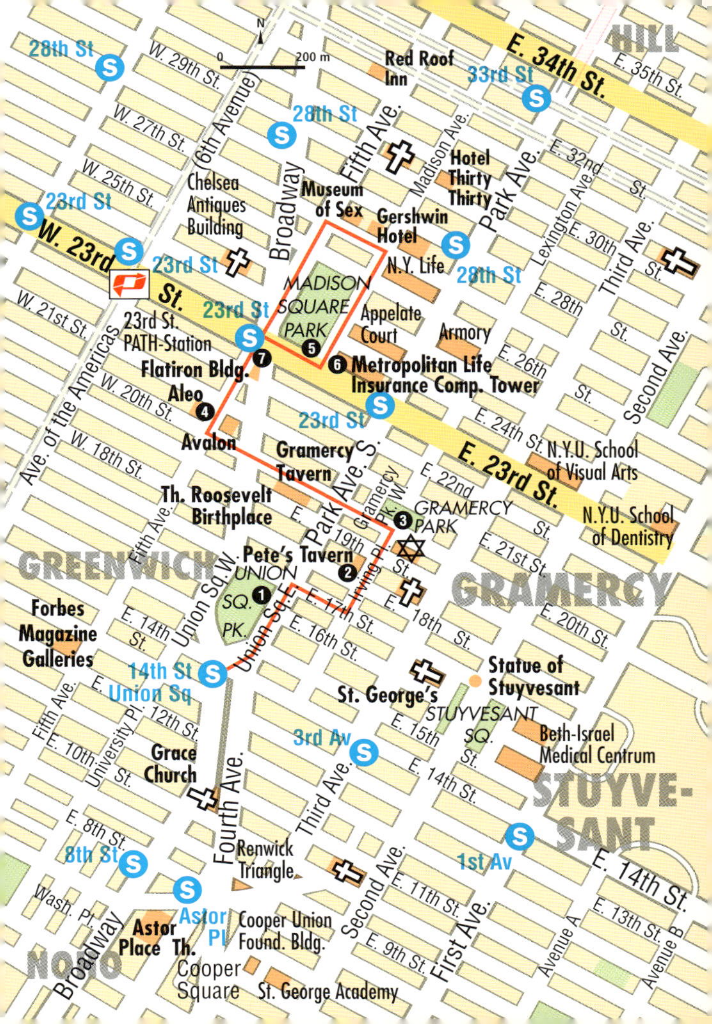
N
0
200 m
HILL
E. 34th St.
E. 35th St.
28th St
W. 29th St.
Red Roof Inn
33rd St
W. 27th St.
(6th Avenue)
28th St
Fifth Ave.
Madison Ave.
E. 32nd St.
Hotel Thirty Thirty
Park Ave.
W. 25th St.
Chelsea Antiques Building
Broadway
Museum of Sex
Lexington Ave.
23rd St
Gershwin Hotel
E. 30th St.
Third Ave.
W. 23rd St.
23rd St
N.Y. Life
28th St
MADISON SQUARE PARK
E. 28th St.
W. 21st St.
23rd St.
PATH-Station
23rd St
Appelate Court
Armory
Flatiron Bldg.
Metropolitan Life Insurance Comp. Tower
E. 26th St.
Second Ave.
Ave. of the Americas
W. 20th St.
Aleo
23rd St
E. 24th St.
N.Y.U. School of Visual Arts
W. 18th St.
Avalon
Gramercy Tavern
Park Ave. S.
Gramercy Pk. W.
E. 22nd St.
E. 23rd St.
Th. Roosevelt Birthplace
Fifth Ave.
E. 19th St.
GRAMERCY PARK
N.Y.U. School of Dentistry
GREENWICH
Pete's Tavern
Irving Pl.
E. 21st St.
UNION SQ. PK.
Union Sq. W.
Union Sq. E.
E. 17th St.
E. 18th St.
GRAMERCY
Forbes Magazine Galleries
E. 14th St.
E. 16th St.
E. 20th St.
14th St
Union Sq
Statue of Stuyvesant
St. George's
STUYVESANT SQ.
Fifth Ave.
E. 12th St.
University Pl.
E. 15th St.
Beth-Israel Medical Centrum
E. 10th St.
Grace Church
3rd Av
E. 14th St.
STUYVE-SANT
Fourth Ave.
Third Ave.
E. 8th St.
8th St
1st Av
Renwick Triangle
E. 14th St.
Wash. Pl.
E. 11th St.
Second Ave.
E. 13th St.
Astor Pl
Astor Place Th.
Cooper Union Found. Bldg.
E. 9th St.
First Ave.
Avenue A
Avenue B
Broadway
NOHO
Cooper Square
St. George Academy
1
2
3
4
5
6
7

Tour 10

Studentisches Flair in Greenwich Village

mittel

**Forbes Magazine Galleries → Jefferson Market Library
→ Washington Mews → Washington Square Park**

Sogar nicht ins hektische New York will die Gegend rund um den Washington Square Park passen. Besonders Studenten drücken dem einstigen »Dorf« ihren Stempel auf. Von deren unbeschwerterer Art, das Leben zu leben, kann man sich im Park selbst oder in den umliegenden Kneipen und Restaurants anstecken lassen.

Start: Ⓢ 6th Ave.–14th St. (Train F, L, M), Ausgang 14th St.
Ziel: Ⓢ W. 4th St. (Train A, B, C, D, E, F, M)
Wann: am späten Nachmittag/gegen Abend

Für Optimisten beginnt die Tour mit einer Eiersuche: In den **Forbes Magazine Galleries** ❶ (62 Fifth Ave.; So, Mo geschl.) waren früher zwölf Fabergé-Eier ausgestellt. Die unbezahlbaren Schmuckstücke befinden sich jetzt wohl im Safe, viele hoffen aber noch, dass sie nur kurz zum Aufpolieren weggebracht wurden. Nach wie vor zu sehen sind über 10 000 Zinnsoldaten sowie 500 Spielzeug- und Modellschiffe. Ein Highlight für »Monopoly«-Fans stellen die ersten, teils handgemachten Versionen des beliebten Brettspiels dar. Man mag sich damit trösten, dass die Privatsammlung eines Multimillionärs ohnehin nicht ins Village passt. Die Gegend besticht nicht durch Glanz und Glamour, sondern durch die unbeschwerte Lebensart ihrer Bewohner, durch reizende alte Häuser und gemütliche Lokale.

Dennoch kann man in einigen Restaurants des Viertels leicht eine dreistellige Dinner-Rechnung produzieren, z. B. bei **Gotham Bar and Grill** (12 E. 12th St., amerikanisch, ○○○). Das Lokal wurde sogar schon mit dem Titel »Most outstanding Restaurant in the Nation« gekürt. Gegen diese Kategorisierung dürfte u. a. das **Strip House** (s. Restaurants, S. 136) etwas haben. Das Steakhouse wirkt nur auf den ersten Blick anrüchig, dann merkt man, dass die Inhaber mit den Vorurteilen der Gäste spielen. Einen Block weiter verbreitet die schmucke E. 11th Street die typische Village-Atmosphäre, die an eine US-Kleinstadt erinnert: top in Schuss gehaltene zweistöckige Häuser mit Treppenaufgängen, auf denen Nachbarn ein Schwätzchen halten, üppig begrünte Vorgärten, Bäume zwischen Straße und Fußgängerwegen. Gut ins Bild passt da das Gebäude der **Jefferson Market Library** ❷ an der Sixth Avenue – wegen seines reichen Bauschmucks im Stil venezianischer Neogotik wird es auch »New Yorks Neuschwanstein« genannt.

Jefferson Market Library

Über W. 9th Street, Fifth Avenue, E. 8th Street und University Place arbeitet man sich nun in das studentische Zentrum von Greenwich Village vor. Ein beliebtes Fotomotiv sind die Häuser in der kleinen Kopfsteinpflasterstraße **Washington Mews** ❸. Mit dem Siegeszug des Autos wurden die einstigen Stallungen in teuren Wohnraum umgewandelt, auch verschiedene Universitätsinstitute haben hier ihren Sitz. An schönen Tagen scheint es, als sei im **Washington Square Park** ❹ das ganze Village versammelt. Gitarrenspieler hoffen auf eine Karriere wie die von Village-Ikone Bob Dylan, Handleser versprechen einen Blick in die Zukunft, im Dog Run toben die Hunde. Etwas fehl am Platz wirkt der 23 m hohe **Washington Square Arch.** Zunächst stand an seiner Stelle ein Triumphbogen aus Holz, der an den 100. Geburtstag von George Washington erinnerte. Das Provisorium erwies sich jedoch als so beliebt, dass es 1892 durch eine dauerhafte Lösung aus Marmor ersetzt wurde. Den Platz säumen Gebäude der 1831 gegründeten New York University, Amerikas größter privater Hochschule. Einige Herrenhäuser am Washington Square North lassen den Reichtum der früheren Village-Bewohner erahnen. Heute geben hier die Studenten den Ton an. Im Umfeld des Washington Square Park laden zahllose Restaurants und Kneipen zu einer Pause ein, wobei es in Richtung Süden dank der Studenten ein Preisgefälle gibt. Von der einfachen Pizzeria bis zum edlen japanischen Restaurant reicht das Angebot. Längst mehr als nur ein Geheimtipp ist dabei **Peanut Butter & Co** (240 Sullivan Street, ○○), ein kleiner Laden, in dem individuell belegte Sandwiches angeboten werden.

»Classic Rock« verspricht ein Holzschild über der Tür des **Café Wha?** (s. Nightlife, S. 145). Viele spätere Rock-Ikonen, so z. B. Bruce Springsteen, begannen hier ihre Karriere. Lachen garantiert ist im **Comedy Cellar** (s. Nightlife, S. 145) nebenan. Unterwegs zur U-Bahn-Station bietet sich noch ein Abstecher zum **Blue Note Jazz Club** ❺ (131 W. 3rd St., amerikanisch, ○○) an. Hier wird neben köstlichem BBQ auch Live-Jazz geboten.

Touren im Anschluss: 5, 11, 12

MANHATTAN
W. 23rd St.
23rd St
Flatiron Bldg.
W. 20th St.
W. 15th St.
Eighth Ave.
W. 17th St.
Seventh Ave.
W. 18th St.
Ave. of the Americas
Rubin Museum of Art
14th St 8th Av
W. 16th St.
Fifth Ave.
Broadway
Jackson Sq.
W. 17th St.
Th. Roosevelt Birthplace
14th St
W. Greenwich Ave.
W. 14th St.
14th St. PATH-Station
8th Ave.
13th St.
St. Vincent's Hospital
14th St
GREENWICH
Union Sq.W.
UNION SQ. PK.
Union Sq.E.
Abingdon Sq.
W. 11th St.
Forbes Magazine Galleries
Hudson St.
W. 4th St.
Jefferson Market Library
Strip House
Gotham Bar & Grill
9th St.
W. 10th St.
University Pl.
E. 12th St.
14th St Union Sq
Christopher St Sheridan Sq
PATH-Station
Sheridan Sq.
Christopher St.
W. 9th St.
Fifth Ave.
E. 10th St.
E. 11th St.
W. 8th St.
VILLAGE
W. Wash. Pl.
Wash. Sq.W.
Wash. Mews
E. 9th St.
Grace Church
Fourth Ave.
Seventh Ave.
Grove Court
Blue Note Jazz Club
Wash. Sq. N.
E. 8th St.
8th St
Renwick Triangle
W 4th St
WASH. SQ. PK.
Wash. Sq.E.
Waverly Pl.
Café Wha
W. 3rd St.
Wash. Sq. S.
Wash. Pl.
Astor Pl
Comedy Cellar
Dougal St.
Peanut Butter + Co.
Judson Mem. Ch.
E. 4th St.
Astor Place Th.
St. George Academy
WEST
Houston St
WASH. SQ. VILLAGE
Mercer St.
NOHO
Lafayette St.
Cooper Square
VILLAGE
Ave. of the Americas
Mac
W. Houston St.
University Plaza
Broadway
Ukrainian Museum
Spring St
Broadway
Bleecker St
Russian Orth. Cathedral
N.Y.C. Fire Museum
Broadway Lafayette
Bowery
Prince St.
SOHO
2nd Av
Canal St
Ave. of the Americas
Broome St.
Broadway
Lafayette St.
Prince St.
New Museum of Contemp. Art
Chrystie St.
Grand St.
West
Spring St
N
0
200 m

Tour **11**

West Village: Rund um die Bleecker Street

mittel

**White Horse Tavern → Christopher Street → Stonewall Inn
→ New Yorks Narrowest House → Isaac Hendricks House
→ James J. Walker Park**

Im beschaulichen West Village ist die Hektik von Downtown New York weit, weit weg. In den reizenden Stadtteil kann man sich besonders als Europäer schnell verlieben – eben weil er mit seinen gewundenen Straßen, gemütlichen Cafés und seiner relaxten Atmosphäre ein bisschen an hübsche Kleinstädte in der Heimat erinnert.

Start: Ⓢ 14th St. (Train 1, 2, 3)
Ziel: Ⓢ Houston St. (Train 1)
Wann: abends

Das einstige Dorf Greenwich Village erkoren sich im 18. Jh. reiche New Yorker zur Sommerfrische. Als 1811 der Schachbrett-Stadtplan für New York beschlossen wurde, hatten sie schon längst gebaut und Straßen angelegt. Deshalb gibt es hier noch schmale Gassen, die sich fröhlich krümmen und winden.

Für später sollte man sich das **Village Vanguard** (178 7th Ave. S.) vormerken. Das Kellerlokal, in dem schon Dizzy Gillespie und Miles Davis auftraten, gilt seit mehr als 75 Jahren als einer der coolsten Jazz-Clubs der Stadt. Spätestens nach dem Einbiegen in den Waverly Place präsentiert sich das West Village so, wie man es aus unzähligen Filmen kennt. Niedrige Häuser aus dem

Village Vanguard

19. Jh., gepflegte Vorgärten und Bäume an den Straßen lassen das andere New York mit seiner Hektik weit weg erscheinen. Man erwartet fast, Simon & Garfunkel aus einem der Häuser kommen zu sehen. Das Duo würdigte seine Wahlheimat mit dem Song »Bleecker Street«.

In den 1950er-Jahren entdeckte die Beat-Generation, allen voran Jack Kerouac, Allen Ginsberg und Dylan Thomas, das Village für sich. Letzterer starb 1953 nach einem Zechgelage in der **White Horse Tavern** ❶ (567 Hudson St.), wo man noch heute einen Drink nehmen kann. Wenn einem kurz darauf der Geruch von frischem Backwerk in die Nase steigt, nähert man sich der **Magnolia Bakery** (401 Bleecker St.). Hier werden die köstlichen kleinen Cupcakes verkauft, für die auch die Mädels in »Sex and the City« sterben.

Die **Christopher Street,** in die man nach einem Besuch im edlen Schuhgeschäft **Verve Shoes** (s. Shopping, S. 143) einbiegt, steht heute für den Kampf der Homosexuellen um Gleichberechtigung. Im **Stonewall Inn** ❷ (Nr. 53) begann am 28. Juni 1969 der Stonewall-Aufruhr, in dessen Verlauf sich Schwule und Lesben erstmals vehement gegen die damals üblichen Polizeiaktionen gegen Homosexuellen-Bars wehrten. An einem anderen Tag wäre das rüde Auftreten der Polizisten vielleicht folgenlos geblieben, doch die Gemeinde war aufgewühlt von den Berichten zur Beerdigung von Judy Garland, einer Ikone der Schwulen-Bewegung. Der Jahrestag des Aufstandes wird heute weltweit als Christopher Street Day gefeiert.

Mittelpunkt des West Village ist der **Sheridan Square.** Hier haben sich zahlreiche Kneipen und Nightspots angesiedelt. In der Barrow Street führt ein Restaurant den rätselhaften Namen **One if by Land Two if by Sea** ❸ (17 Barrow St., ○○○). Dahinter verbirgt sich ein romantisches Speiselokal mit exquisiter amerikanischer Küche. Im **Sushi Samba** (s. Restaurants, S. 136), einer weiteren »Sex and the City«-Location, werden Fisch und Meeresfrüchte vor den Augen der Gäste frisch zubereitet.

Von hier sind es nur ein paar Schritte zum **Grove Court** ❹, einem schmucken Ensemble von sechs Stadthäusern. Der Lebensmittelhändler Samuel Cocks ließ es Mitte des 19. Jhs. für seine Angestellten errichten. An der Bedford Street steht **New Yorks Narrowest House** ❺. Es ist ganze 2,90 m breit und hat es daher auch nur zu einer halben Hausnummer gebracht: 75 1/2 steht an der Tür zu lesen. Die Enge hat die vielen berühmten Bewohner, unter ihnen der nicht eben kleine Cary Grant, offensichtlich nicht gestört. Beim **Isaac Hendricks House** gleich nebenan handelt es sich um das älteste Wohnhaus in Greenwich Village. Dem einst allein stehenden Bauernhaus wurde 1836 eine Backsteinfassade im Greek-Revival-Stil vorgeblendet. In der Leroy Street ändert sich die Atmosphäre; die Straße macht einen Bogen und wird zu St. Luke's Place. Ihre Brownstone-Reihenhäuser bewohnte die irischstämmige Middle-Class. Im ruhigen **James J. Walker Park** ❻ kann man noch ein wenig die Füße und die Seele baumeln lassen, bevor man der Ⓢ Houston Street zustrebt.

St. Luke's Place

Touren im Anschluss: 5, 10, 12

MANHATTAN
LOWER WEST SIDE
GREENWICH VILLAGE
WEST VILLAGE
Eleventh Avenue
under construction
Tenth Ave.
Ninth Ave.
Eighth Ave.
Seventh Ave.
W. 21st St.
W. 19th St.
W. 17th St.
W. 15th St.
23rd St
Joyce Theater
W. 13th St.
Little W. 12th St.
Hotel Gansevoort
14th St 8th Av
Rubin Museum of Art
W. 16th St.
14th St. PATH-Station
Bloomfield St.
Pier 53
Fire Boat Station
Tenjune
Gansevoort St.
Jackson Sq.
14th St
W.14th St.
W. 13th St.
West Street
Washington St.
Jane St.
W. 12th St.
Hudson St.
8th Ave.
Greenwich Ave.
Abingdon Sq.
W. 4th St.
Village Vanguard
14th St
Ave. of the Americas
Bank St.
W. 11th St.
W. 11th St.
White Horse Tavern
The Magnolia Bakery
Bleecker St.
Perry St.
Greenwich St.
Hudson St.
Waverly Pl.
Jefferson Market Courthouse
Charles St.
Christopher St
Sherid. Sq
Sheridan Sq.
Stonewall Inn
W. 10th St.
9th St. PATH-Station
W. 10th St.
Verve Shoes
One if by Land, Two if by Sea
W. 8th St.
Christopher St.
Christopher St. PATH-St.
Grove Court
Grove St.
Bedford St.
Sushi Samba
Seventh Ave.
Fifth Ave.
Barrow St.
NY's Narrowest House
Cornelia St.
Wash. Sq. W.
Wash. Sq. N.
Wash. Sq. Pk.
Morton St.
W 4th St
Café Wha
W. 3rd St.
Christopher St. Station
Leroy St.
J. J. Walker Park
Carmine St.
Dougal St.
Judson Mem. Ch.
N.Y. University
Pier 40
Clarkson St.
Father Demo Sq.
Downing St.
W. Houston St.
Houston St
La Guardia Pl.
Wash. Sq. Village
Charlton St.
Mac Dougal St.
W. Houston St.
University Plaza
Spring St
Thompson St.
Broadway
Broadway Lafayette
Spring St.
N.Y.C. Fire Museum
Canal St.
Ave. of the Americas
Prince St.
Broome St.
N
0
200 m

Tour 12

Meatpacking District: Kühlhäuser und Clubs

kurz

5 Ninth → PM Lounge → High Line → Tenjune → Gansevoort Hotel → Spice Market → W. 14th Street → Ground Zero Museum Workshop

Es ist noch gar nicht so lange her, da war das Accessoire, das im Meatpacking District am häufigsten getragen wurde, eine Fleischerschürze. Heute ist das Viertel, das ursprünglich Gansevoort Market hieß, tagsüber noch Industriegebiet, nachts hingegen ein angesagtes Ausgehviertel in einer an Auswahl nicht gerade armen Stadt.

Start: Ⓢ 14th St./8th Ave. (Train A, C, E, L)
Ziel: Ⓢ 14th St./8th Ave. (Train A, C, E, L)
Wann: abends

Der Meatpacking District hinterlässt unterschiedliche Eindrücke, abhängig davon, zu welcher Tageszeit man ihm einen Besuch abstattet. Das tagsüber etwas heruntergekommen wirkende bauliche Aschenputtel verwandelt sich abends, wenn die verbliebenen Fleischbetriebe schließen und Leben in die Restaurants und Clubs kommt, in eine stolze Ausgeh-Prinzessin. Einen guten Eindruck gewährt z. B. ein Bummel durch die Jane, Horatio und Gansevoort Streets, bevor man sich im **5 Ninth** ❶ (5 9th Ave./Little W. 12th St., amerikanisch, ○○) für die Strapazen des Nachtlebens stärkt. Das Restaurant ist

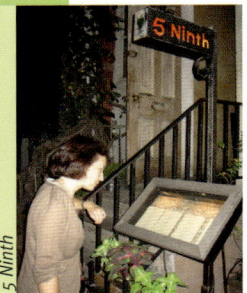

5 Ninth

in einem Brownstone-Haus von 1848 untergebracht und besitzt einen idyllischen Innenhof. »Fleischliche Gelüste« werden im **Macelleria** (48 Gansevoort St., italienisch-amerikanisch, ○○) befriedigt. Das auf Steaks spezialisierte Restaurant nutzt die Räumlichkeiten eines ehemaligen Kühlhauses.

Mit der **PM Lounge** ❷ (50 Gansevoort St.) lädt ein erster In-Club dazu ein, die Nacht zum Tag zu machen. Hier wie anderswo gilt: Horrende Eintrittspreise können die Tanzwütigen nicht abschrecken. Ab etwa 22 Uhr bilden sich lange Schlangen an den oft unscheinbaren Eingängen der Clubs. Selbst geduldiges Warten bietet keine Garantie auf Einlass, weil die Türsteher den offensichtlich nach Gutdünken gewähren oder verweigern. Die besten Chancen hat man, wenn man sich bei der eigenen Bekleidung am Dresscode der Wartenden orientiert.

Jenseits der Washington Street wird man Zeuge von Bemühungen, die Gegend tageslichttauglicher werden zu lassen: Die **High Line** ❸ ist das letzte verbliebene Stück einer Hochbahn, die den störungsfreien Gütertransport zwischen Hudson Piers und Innenstadt gewährleistete. Ein Konsortium verwandelte die High Line in einen zauberhaften Park, eine erhöht liegende grüne Oase inmitten des ehemaligen Industriegebiets.

Weiter führt die Tour in die Little W. 12th Street, in der zwei Club-Legenden nebeneinander liegen: Das **Cielo** (18 Little W. 12th St.)

zählt zu den angesagtesten Dancefloors der USA. Im **Tenjune** ❹ (s. Nightlife, S. 147) verkehren viele Models, auch Britney Spears und Lindsay Lohan wurden hier schon gesichtet. Das **Gansevoort Hotel** ❺ (s. Hotels, S. 129) war ein gewagtes Experiment. Es entstand zu einer Zeit, als noch nicht klar war, ob der Meatpacking District sich als Hip-Viertel etablieren würde. Auch für Nicht-Hotelgäste lohnt ein Besuch – das hauseigene Restaurant **Toy** (asiatisch, ○○○) bietet in einer eklektischen Atmosphäre Gaumenfreunden von Chefkoch Doron Wong.

Weitere Möglichkeiten der Abendgestaltung bieten sich zuhauf. Etwa in der W. 13th Street, wo im orientalisch eingerichteten **Spice Market** ❻ (Nr. 403, asiatisch, ○○) die Gäste in die Welt exotischer Gewürzkombinationen entführt werden. Die W. 14th Street ist eine gute Einkaufsadresse mit vielen Trendgeschäften. Eines davon ist die Boutique des brasilianischen Designers **Carlos Miele** (Nr. 408). Hinter dem Namen **Jeffrey** (Nr. 449) verbirgt sich ein edles Mini-Kaufhaus mit viel Platz zum Stöbern.

Einen besinnlichen Kontrapunkt setzt zum Schluss der **Ground Zero Museum Workshop** ❼. Fotos, Trümmerteile und persönliche Gegenstände der Opfer ermöglichen in dem kleinen Museum einen sehr subjektiven Zugang zu den Ereignissen von 9/11 (Besuch nur im Rahmen einer Führung und nach Voranmeldung, groundzeromuseum@aol.com). Der Schrecken übt eine erstaunliche Anziehungskraft aus: Das Museum galt zeitweise als dritterfolgreichste Touristenattraktion in New York.

Touren im Anschluss: 10, 11, 13

Spice Market

Hudson River
Dia Center for the Arts
Chelsea Piers
General Theological Seminary
Tenth Ave.
Chelsea Houses
Penn Station
W. 25th St.
Ninth Ave.
W. 23rd St.
23rd St
CHELSEA
W. 21st
W. 19th St.
W. 17th St.
Joyce Theater
Eighth Ave.
Seventh Ave.
under construction
Eleventh Avenue
MANHATTAN
Ground Zero Mus. Worksh.
W. 14th St.
Spice Market
W. 13th St.
Little W. 12th St.
Bloomfield St.
Pier 53
Fire Boat Station
Tenjune
Hotel Gansevoort
High Line
Cielo
5 Ninth
Gansevoort St.
14th St 8th Av
W. 15th St.
Rubin Museum of Art
PM Lounge
Macelleria
Jackson Sq.
Horatio St.
Jane St.
14th St
14th St. PATH-Station
HUDSON
W. 12th St.
Hudson St.
8th Ave.
Greenwich
St. Vincent's Hospital
W. 13th St.
14th St
West Street
Washington St.
Abingdon Sq.
W. 11th St.
W. 4th St.
RIVER
LOWER
Greenwich St.
Hudson St.
Waverly Pl.
Ave.
Jefferson Market Courthouse
W. 10th St.
9th St.
PATH-Station
Charles St.
Christopher St Sheridan Sq
Sheridan Sq.
WEST
Christopher St.
W. Wash.
W. 8th St.
PARK
Pier 42
Christopher St. PATH-Station
Grove Court
Seventh Ave.
Cornelia St.
Pl.
Wash. Sq. W.
Wash. Sq. N.
SIDE
Morton St.
W 4th St
W. 3rd St.
WASH. SQ. PK.
Christopher St. Station
St. Lukes Pl.
Father Demo Sq.
Judson Mem. Ch.
N.Y. University
N
0
200 m
Houston St

Tour **13**

Chelsea: Laufsteg für Manhattans Szene

Hotel Chelsea → Fashion Institute of Technology → Club Row → Chelsea Piers → 22nd Street → Empire Diner

kurz

Nach seiner Degradierung zum Lagerhausbezirk hat es das einst elegante Wohnviertel Chelsea wieder ganz nach oben geschafft. Konkurrenten wie dem Meatpacking District oder SoHo zum Trotz zieht es Künstler und Nachtschwärmer in wachsender Zahl an. Heute gibt es hier 200 Galerien.

Start: Ⓢ 23rd St. (Train C, E)
Ziel: Ⓢ 23rd St. (Train C, E)
Wann: zum Galerienbummel tagsüber,
zum Clubbing abends

Theaterfreunde zog es Ende des 19. Jhs. nicht nach Midtown, sondern nach Chelsea. Hier befand sich der Mittelpunkt des kulturellen Lebens. Nach heutigen Maßstäben war Chelsea schon damals ein In-Viertel – vom einstigen Glanz zeugt das **Hotel Chelsea ❶**, das 1883 als Apartmenthaus erbaut wurde. Mit zwölf Stockwerken war es damals das höchste Gebäude der Stadt. Die Liste der prominenten Gäste reicht von Mark Twain und Jack Kerouac über Arthur Miller und Jean Paul Sartre bis zu Stanley Kubrick und Dennis Hopper. Aber die Geschichte des Hauses hat auch dunkle Episoden: Charles R. Jackson,

Hotel Chelsea

56

Autor von »The Lost Highway«, beging 1968 in seinem Zimmer Selbstmord, und Nancy Spungen, Freundin von Punk-Ikone Sid Vicious, kam unter ungeklärten Umständen 1978 ums Leben. 1979 folgte ihr Sid Vicious im gleichen Apartment in den Tod, indem er sich eine Überdosis Heroin spritzte. Manche der heutigen prominenten Gäste werden einen Blick in **Chelsea Guitars** (224 W. 23rd St.) geworfen haben. Die Betreiber verkaufen nicht nur neue, sondern auch schöne gebrauchte Gitarren.

Die 7th Avenue, auf die man nun abbiegt, trägt hier den Beinamen »Fashion Avenue«. Tatsächlich ist Chelsea heute nicht nur für seine Galerien bekannt – auch viele Modedesigner, denen SoHo zu brav geworden ist, sind hierhin abgewandert. Dem Mode-Image trägt das **Fashion Institute of Technology** ❷ Rechnung, ein Zweig der State University of New York. Nicht nur die Studenten schätzen den kleinen **Chelsea Park** ❸ im weiteren Verlauf der W. 28th Street.

Ein Lehrstück misslungener Stadtpolitik ist die W 27th St zwischen 10. und 11. Ave. Binnen weniger Jahre verwandelte sich die legendäre **Club Row** mit einigen der besten Abendlokalitäten New Yorks zurück in eine Wohn- und Geschäftsstraße. Experten sehen die Schuld für diese Entwicklung ausgerechnet in der hochgelobten Renaturierung der High-Line-Bahn, die das Gebiet aufwertete, Grundstücksspekulanten anlockte, die alteingesessene Chelsea-Bewohner vertrieb und keinen Platz mehr für Nightlife der alten Schule ließ.

Am Hudson River, zwischen 17th und 23rd Streets, erstrecken sich die **Chelsea Piers** ❹, vier ehemalige Landungsbrücken. Zu trauriger Berühmtheit gelangten sie, weil hier die »Lusitania« zu ihrer letzten Fahrt ablegte. Am Pier 59 wurden die Überlebenden der »Titanic« von ihren Angehörigen in Emp-

Chelsea Piers

fang genommen. Anfang der 1990er-Jahre kaufte ein New Yorker Geschäftsmann die heruntergekommenen Kaianlagen und rüstete sie zu einem Sport- und Unterhaltungskomplex hoch. Von Eislaufen und Inlineskaten über Klettern und Golfen bis hin zu Schwimmen und Kajakfahren wird hier fast jede Sportart angeboten.

Über die W. 18th Street führt der Weg weiter zur 8th Avenue. Hier wartet rustikale Stärkung: Das **Rocking Horse** (182 8th Ave., mexikanisch, ○○) ist bekannt für üppige Portionen. Vegetarierer und Veganer erleben im **Blossom** (187 9th Ave., ○○) ihre große Stunde.

Von hier ist es nicht weit zur **W. 22nd Street**, in deren Umfeld sich viele der angeblich 400 Chelsea-Galerien drängen – **Sonnabend** (Nr. 536), **Sikkema Jenkins & Co.** (Nr. 530), **Taxter & Spengemann** (Nr. 505) und die **303 Gallery** (547 W. 21st St.) sind nur vier von vielen interessanten Adressen. Zunehmend eröffnen in dieser Gegend auch Nobelboutiquen, so etwa ein **Comme de Garçons**-Shop (Nr. 520) mit Kreationen des japanischen Designers Rei Kawakubo. An der Ecke 10th Avenue lenkt eine Ikone des Art déco vom Schaufensterbummel ab: Der chromblitzende **Empire Diner** ❺ könnte das Motiv für Edward Hoppers berühmtes Gemälde »Nighthawks« geliefert haben. Leider ist das Restaurant zur Zeit geschlossen, eine Wiedereröffnung scheint fraglich.

303 Gallery

Touren im Anschluss: 9, 10, 11, 12

Hudson River
Pier 60
Pier 53
Fire Boat Station
Chelsea Piers 4
under construction
9A
Eleventh Avenue
West St.
Club Row
Madison Square Garden
Macy's
34th St
Pennsylvania St.
Amtrak & Long Island R.R.
33rd St. PATH-Station
St. John
W. 29th St.
W. 27th St.
W. 26th St.
W. 24th St.
Eleventh Ave.
Tenth Ave.
Ninth Ave.
CHELSEA PARK 3
Chelsea Houses
Fashion Institute of Technology 2
W. 31st St.
W. 30th St.
28th St
W. 28th St.
W. 27th St.
(6th Avenue)
28th St
Broadway
Empire Diner 5
Dia Center for the Arts
W. 23rd St.
CHELSEA
23rd St
Hotel Chelsea 1
Dan's Chelsea Guitars
W. 25th St.
Chelsea Antiques Bldg.
W. 22nd St.
W. 21st St.
General Theol. Seminary
Blossom
W. 19th St.
W. 18th St.
Tenth Ave.
Ninth Ave.
Joyce Theater
Eighth Ave.
23rd St
W. 23rd St.
23rd St
23rd St
MADISON SQUARE PARK
23rd St. PATH-Station
Flatiron Bldg.
W. 16th St.
Rocking Horse
Seventh Ave.
W. 21st St.
W. 19th St.
Ave. of the Americas
W. 14th St.
MANHATTAN
Rubin Museum of Art
Little W. 12th St.
Tenjune
Hotel Gansevoort
14th St 8th Av
W. 15th St.
14th St. PATH-Station
W. 17th St.
Washington St.
Gansevoort St.
Hudson St.
Jackson Sq.
Fifth Ave.
Avalon
E. 21st St.
Th. Roosevelt Birthplace
N
0
200 m

Tour 14

Hochhausparade in Midtown

Herald Square → Macy's → *Empire State Building → *Chrysler Building → Socony-Mobil Building → United Nations Headquarter

Aus der Fülle der Hochhäuser in Midtown ragen zwei unübersehbar heraus: das Empire State Building und das Chrysler Building. Zu diesen architektonischen Superlativen gesellen sich ein weiterer Rekordhalter, Macy's, das angeblich größte Kaufhaus der Welt, und ein Paradoxon, die United Nations Headquarters, ein exterritoriales Gebiet mitten in New York.

Start: Ⓢ 34th St. – Herald Square (Train B, D, F, M, N, Q, R)
Ziel: Ⓢ 42nd St. – Grand Central (Train 4, 5, 6, 7, S)
Wann: tagsüber

Der Times Square ist weltbekannt, der **Herald Square** ❶, an dem diese Tour beginnt, eher weniger. Etwas haben beide Plätze jedoch gemein: Ihre Namen sind untrennbar mit großen New Yorker Zeitungen verbunden – der Times Square mit der »Times«, der Herald Square mit dem von 1835 bis 1924 herausgegebenen »New York Herald«. In einer Hinsicht aber sticht der Herald Square seinen Konkurrenten aus: An ihn grenzt **Macy's** ❷ (s. Shopping, S. 141), das nach Eigenwerbung »größte Kaufhaus der Welt«. Das zehnstöckige Hauptgebäude aus dem 19. Jh. und die Erweiterungen nehmen einen ganzen Straßenblock ein.

Macy's

lang

Auch nach mehr als 75 Jahren gilt das ***Empire State Building*** ❸ als einer der schönsten Wolkenkratzer der Stadt. In der Rekordzeit von nur neun Monaten wurde das 381 m hohe Artdéco-Hochhaus aus dem Boden gestampft. 3400 Arbeiter schichteten 10 Mio. Ziegelsteine aufeinander und verbauten 55 000 t Stahl. Die feierliche Eröffnung am 1. Mai 1931 fiel in die Zeit der Weltwirtschaftskrise. In den ersten Jahren blieben viele Büroflächen leer, was dem Gebäude den Spitznamen »Empty State Building« einbrachte. Nach dem Einsturz der Zwillingstürme des World Trade Center war das Empire State Building für ein Jahrzehnt erneut das höchste Gebäude der Stadt, nun wird es wieder überragt – vom One World Trade Center. Wer heute zur Besucherplattform (s. Nightlife, S. 146) im 86. Stock hinauf will, muss viel Geduld mitbringen. Die Warteschlangen vor den Liften in der prächtigen Art-déco-Lobby sind immens. Mit kürzeren Schlangen am Einlass kann man in der **Heartland Brewery** (im Empire State Building, s. Restaurants, S. 134) rechnen – obwohl das hauseigene Bier einen ausgezeichneten Ruf genießt.

An der 5th Avenue/Ecke 38th Street wartet mit **Lord & Taylor** ein weiteres populäres Kaufhaus, das für seine extravaganten Schaufensterdekorationen bekannt ist. Nächste Station der Tour ist das elegante ***Chrysler Building*** ❹ an der Ecke 42nd Street/Lexington Avenue, ein Meisterwerk des Art déco. Es gilt als der Star unter Manhattans Skyscrapern, im Wettrennen um den Höhenrekord war es jedoch der Verlierer. Nur knapp ein Jahr lang war das 319 m hohe Chrysler Buil-

Chrysler Building

ding der höchste Wolkenkratzer der Stadt, dann lief ihm das Empire State Building den Rang ab. Dabei hatte Architekt William van Alen schon einen Trumpf ausgespielt, um eventuelle Konkurrenten auszuschalten: Die sechsgeschossige Krone aus Stahlbögen, die heute den besonderen Reiz des Chrysler Building ausmacht, wurde im Verborgenen gebaut und erst im letzten Moment auf das Gebäude aufgesetzt.

Dank seines berühmten Gegenübers führt das **Socony-Mobil Building** auf der anderen Seite der 42nd Street ein – unverdientes – Schattendasein. 1955 erbaut, nimmt es einen ganzen Straßenblock ein. 7000 reliefierte Stahlplatten verleihen der Fassade eine interessante 3-D-Anmutung.

Ein Paradoxon hat New York am östlichen Ende der 42nd Street zu bieten. Das Gebiet der **United Nations Headquarters ❺**, zwischen 42nd und 48th Street östlich der First Avenue gelegen, ist exterritoriales Gelände. Hier gelten weder die Stadtgesetze noch die der Vereinigten Staaten; stattdessen hat die UNO die Oberhoheit. Markanter Mittelpunkt des von einer internationalen Architektengruppe (u. a. Le Corbusier, Oscar Niemeyer und Sven Markelius) geplanten Viertels ist der schlanke Glasbau des **Secretariat Building.** Die nächst gelegene Subway-Station befindet sich im Grand Central Terminal, zu dem die 42nd Street zurückführt. Für den langen Fußmarsch kann man sich im Restaurant **Pershing Square** (90 E. 42nd St., traditionell amerikanisch, ○○) belohnen.

Touren im Anschluss: 15, 16

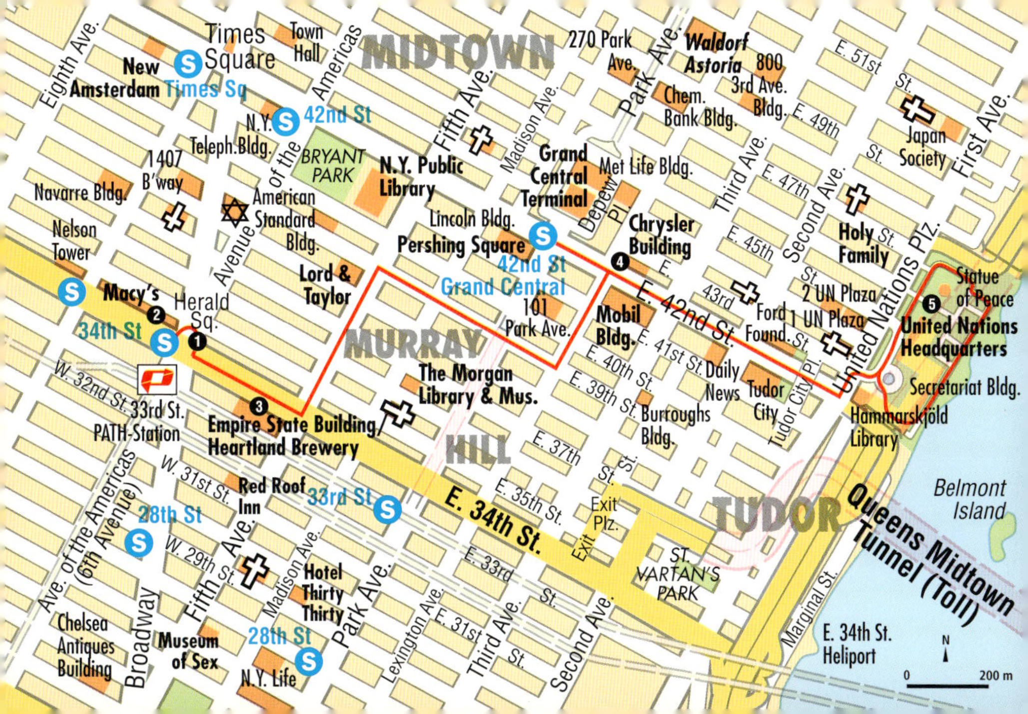
MIDTOWN
MURRAY
HILL
TUDOR
Eighth Ave.
Times Square
Times Sq
New Amsterdam
Town Hall
Americas
Avenue of the
42nd St
N.Y. Teleph.Bldg.
1407 B'way
Navarre Bldg.
Nelson Tower
BRYANT PARK
American Standard Bldg.
N.Y. Public Library
Fifth Ave.
Madison Ave.
Grand Central Terminal
Lincoln Bldg.
Pershing Square
42nd St
Grand Central
Lord & Taylor
Macy's
Herald Sq.
34th St
W. 32nd St.
33rd St.
PATH-Station
Empire State Building
Heartland Brewery
270 Park Ave.
Park Ave.
Waldorf Astoria
800 3rd Ave. Bldg.
Chem. Bank Bldg.
Met Life Bldg.
Depew Pl.
Chrysler Building
101 Park Ave.
The Morgan Library & Mus.
Mobil Bldg.
E. 42nd St.
E. 41st St.
E. 40th St.
E. 39th St.
E. 37th
E. 35th St.
E. 34th St.
E. 33rd
E. 31st
E. 45th
E. 47th
E. 49th
E. 51st
Third Ave.
Second Ave.
First Ave.
Japan Society
Holy Family
43rd
2 UN Plaza
1 UN Plaza
Ford Found.
Daily News
Tudor City
Burroughs Bldg.
Tudor City Pl.
United Nations Plz.
Statue of Peace
United Nations Headquarters
Secretariat Bldg.
Hammarskjöld Library
Belmont Island
Queens Midtown Tunnel (Toll)
Exit Plz.
Exit
ST. VARTAN'S PARK
Marginal St.
E. 34th St. Heliport
0
200 m
N
Ave. of the Americas (6th Avenue)
W. 31st St.
Red Roof Inn
33rd St
28th St
W. 29th St.
Hotel Thirty Thirty
Lexington Ave.
Broadway
Chelsea Antiques Building
Museum of Sex
28th St
N.Y. Life
1
2
3
4
5

Tour 15

kurz

Times Square: Wiedergeburt eines Klassikers

***Grand Central Terminal → New York Public Library
→ Bryant Park → Times Square → Theater District**

Wie im Kino präsentiert sich New York auf dieser Tour. Zum Auftakt sorgt der Grand Central Terminal bei Filmfans für Déjà-vu-Erlebnisse, als überraschend fotogene Innenstadt-Oase erweist sich anschließend der Bryant Park. Und schließlich setzt sich der Times Square derart bildgewaltig in Szene, dass nur noch ein Regisseur »uuuund action« rufen müsste.

Start: Ⓢ 42nd St. – Grand Central (Train 4, 5, 6, 7, S)
Ziel: Ⓢ 42nd St./Port Authority (Train A, C, E)
Wann: spätnachmittags, in den Abend hinein

Auch wer noch niemals in New York war, hat als Filmfan im riesigen ***Grand Central Terminal** ❶ sein persönliches Déjà-vu-Erlebnis. Der 1913 fertiggestellte Beaux-Arts-Bahnhof war Schauplatz von Filmhits wie »Der unsichtbare Dritte«, »Superman« oder »Cotton Club«. Beim Schlendern durch die von einem künstlichen Sternenhimmel überwölbte, 35 m hohe Haupthalle kann man sich kaum vorstellen, dass das Gebäude in den 1950er-Jahren vom Abriss bedroht war. Heute steht der angeblich größte Bahnhof der Welt unter Denkmalschutz. In einem Seitengang im Untergeschoss befindet sich die **Oyster Bar** (○○), deren Fischküche einen legendären Ruf genießt. Kleine Snacks für jeden Geschmack bieten die internationalen Imbissstände des **Food Court**.

An der 42nd Street zieht die 1911 erbaute **Public Library** ❷ alle Aufmerksamkeit auf sich. Der prächtige Beaux-Arts-Bau birgt 9 Mio. Bücher und 17 Mio. Dokumente, darunter ein handschriftlicher Entwurf der Unabhängigkeitserklärung. Auf der von zwei steinernen Löwen flankierten Eingangstreppe nehmen die New Yorker gern ein Sonnenbad. Dahinter lädt der hübsche **Bryant Park** ❸ zu einer Pause im Grünen ein. Im Sommer findet hier das Bryant Park Film Festival statt (s. Events, S. 148).

Public Library

Etwas mehr als 100 Jahre ist es her, dass der **Times Square** ❹ seinen Namen bekam – von der Zeitung »New York Times«, die das Gebiet erschließen ließ. Die lang gestreckte Kreuzung von Seventh Avenue und Broadway präsentiert sich bei Dunkelheit als eine Orgie visueller Reize. Noch vor etwa 20 Jahren galt das einstige Zentrum des Theaterdistrikts als zwielichtige Gegend. Drogenhändler trafen hier ihre Kundschaft, und auch das Geschäft mit dem Sex florierte. Insbesondere durch das Engagement des **Disney**-Konzerns hat sich aber seit den 1990er-Jahren das Bild geändert. Wer in der Welt des Entertainment Rang und Namen hat, unterhält am Times Square eine Niederlassung. Nachdem sich große Firmen wie MTV und Sony wieder am Times Square etabliert hatten, kehrten auch die Theater und Hotels an den Platz zurück, und in ihrem Gefolge mehrere Kaufhäuser. Inzwischen ist der Times Square sogar größtenteils eine Fußgängerzone. Shopping-Fans werden hier nicht durch frühe Ladenschlusszeiten in ihrem Elan gebremst:

Bryant Park

The Gap (Bekleidung, 42nd St./Broadway, s. Shopping, S. 143), die fantastisch sortierten Megastores von **Disney** (1540 Broadway, s. Shopping, S. 140), **Toys'R'Us** (Spielwaren, 1514 Broadway) oder **M&M** (knallbunte Schokodragees, 1600 Broadway, s. Shopping, S. 141) haben bis spät nachts offen.

Toys'R'Us

Es ist nicht einfach, einen Überblick über das riesige Areal zu gewinnen. Immerhin erstreckt sich der Times Square im weitesten Sinne von der W. 40th bis zur W. 53rd Street und von der Sixth bis zur Eighth Avenue. Von der 42nd Street kommend, biegt man am besten auf den Broadway ab. Rundherum erstreckt sich dann der **Theater District** mit seinen zahlreichen Sprechtheatern und Musicalbühnen.

Im **Times Square Visitor Center** (1560 Broadway) gibt es einen Kartenvorverkauf. **TKTS** am Duffy Square (Höhe 47th St.) bietet tagesaktuell Restplätze für nicht ausverkaufte Broadway-Aufführungen zum reduzierten Preis.

TKTS

Der weitere Weg verläuft dann auf der 49th Street westwärts über die Eighth Avenue zur ⓈI 42nd Street, dem Endpunkt der Tour. Wer sich noch ein Extra-Erlebnis gönnen möchte, besucht **The View Lounge** im obersten Stock des **Marriott Marquis Hotel ❻** (1535 Broadway). Der Name macht dem Etablissement alle Ehre. Die Bar dreht sich und bietet einen einmaligen Rundumblick über das nächtlich erleuchtete Manhattan.

Touren im Anschluss: 14, 16

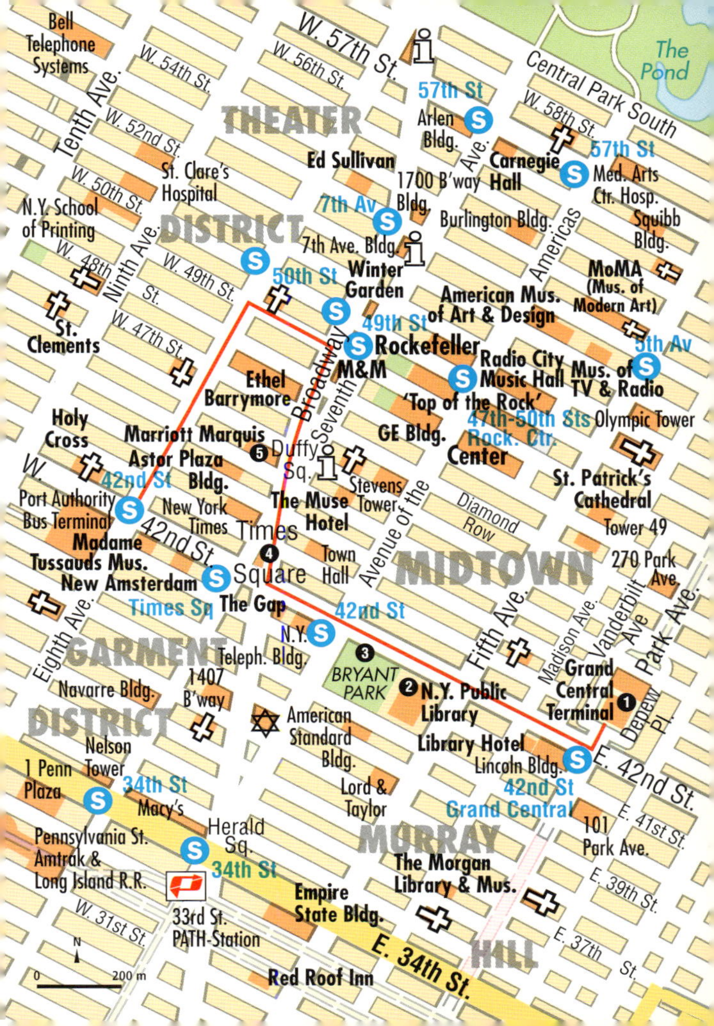

THEATER
DISTRICT
MIDTOWN
GARMENT
DISTRICT
MURRAY
HILL
W. 57th St.
W. 56th St.
W. 54th St.
W. 52nd St.
W. 50th St.
W. 49th St.
W. 48th St.
W. 47th St.
W. 42nd St.
W. 58th St.
W. 31st St.
Central Park South
The Pond
Tenth Ave.
Ninth Ave.
Eighth Ave.
Broadway
Seventh Ave.
Avenue of the Americas
Fifth Ave.
Madison Ave.
Vanderbilt Ave
Park Ave.
Depew Pl.
E. 42nd St.
E. 41st St.
E. 39th St.
E. 37th St.
E. 34th St.
Bell Telephone Systems
St. Clare's Hospital
N.Y. School of Printing
St. Clements
Holy Cross
Port Authority Bus Terminal
Madame Tussauds Mus.
New Amsterdam
Ed Sullivan
57th St
Arlen Bldg.
Carnegie Hall
Med. Arts Ctr. Hosp.
Squibb Bldg.
1700 B'way Bldg.
7th Av
Burlington Bldg.
7th Ave. Bldg.
50th St
Winter Garden
American Mus. of Art & Design
MoMA (Mus. of Modern Art)
49th St
Rockefeller Center
M&M
Radio City Music Hall
5th Av
Mus. of TV & Radio
Ethel Barrymore
'Top of the Rock'
47th-50th Sts Rock. Ctr.
Olympic Tower
Marriott Marquis
GE Bldg.
Duffy Sq.
Astor Plaza Bldg.
Stevens Tower
St. Patrick's Cathedral
42nd St
New York Times
The Muse Hotel
Diamond Row
Tower 49
Times Square
Town Hall
270 Park Ave.
Times Sq
The Gap
N.Y. Teleph. Bldg.
Navarre Bldg.
1407 B'way
BRYANT PARK
N.Y. Public Library
Grand Central Terminal
American Standard Bldg.
Library Hotel
Lincoln Bldg.
42nd St Grand Central
Nelson Tower
1 Penn Plaza
34th St
Macy's
Lord & Taylor
101 Park Ave.
Herald Sq.
Pennsylvania St. Amtrak & Long Island R.R.
The Morgan Library & Mus.
Empire State Bldg.
33rd St. PATH-Station
Red Roof Inn
N
0
200 m
1
2
3
4
5

Tour 16

Rockefeller Center: Traum in Art déco

mittel

General Electric Building → Radio City Music Hall → NBC Studio → St. Patrick's Cathedral → Saks Fifth Avenue → Waldorf-Astoria

Das Rockefeller Center wirkt wie eine Stadt für sich, erstreckt sich über drei Blocks und besteht aus 19 Hochhäusern im Art-déco-Stil – nicht nur für Architekturfans ein Traum. Ein einzelner Mann, der Millionär John D. Rockefeller, finanzierte das gigantische Bauprojekt, das zur Zeit der Wirtschaftskrise Tausenden von Menschen Arbeit bot.

Start: Ⓢ 47th–50th St. – Rockefeller Center (Train B, D, F, M)
Ziel: Ⓢ 51st St. (Train 6)
Wann: tagsüber, besonders stimmungsvoll in der Vorweihnachtszeit

Das **Rockefeller Center** ist in seiner Gesamtheit ein Erlebnis – und doch ragen Einzelbauten aus dem Ensemble heraus. Markantestes und höchstes Gebäude ist das **General Electric Building ❶**, in dessen 70. Etage die Aussichtsplattform **Top of the Rock** wieder geöffnet hat und eine Alternative zum Empire State Building darstellt. Anders als dort gibt es hier keine langen Warteschlangen an den Fahrstühlen – was fast schade ist, denn auf dem Weg zu den Aufzügen ist eine interessante multimediale Ausstellung zum Rockefeller Center zu sehen. Die Aussichtsplattform selbst ist die vielleicht schönste der Stadt. Ihr offenes

Prometheus-Statue

68

Oberdeck wurde im Stil eines Ozeanriesen gestaltet, mit entsprechenden Architekturdetails im Art-déco-Stil. Weil auf einen Schutz durch Glas oder Gitterstäbe verzichtet werden konnte, haben Besucher einen komplett freien Blick auf die Metropole.

Ausblick vom Top of the Rock

Vom **Sea Grill** (Seafood, ○○) an der Rockefeller Plaza hat man einen schönen Blick auf die Eislaufbahn mit der goldenen Prometheus-Statue. Besonders stimmungsvoll wird es hier zur Vorweihnachtszeit: Wenn der Weihnachtsbaum auf der Plaza erstmals erleuchtet wird, versucht halb New York einen Blick auf das Event zu erhaschen.

Wem der Sinn nicht nach Fisch steht, der findet im Rockefeller Center noch 30 weitere Restaurants und Cafés, dazu Einkaufsmöglichkeiten wie in einer Kleinstadt. Von 7 bis 10 Uhr wird werktags im gläsernen **Studio ❷** am Südwestende der Rockefeller Plaza (Höhe 49th Street) die Today-Show ausgestrahlt. Zaungäste aus ganz Amerika halten enthusiastisch ihre »Hi Mom«-Schilder hoch, und hoffen, dass ihr Bild von den Kameras eingefangen und landesweit übertragen wird. Im nahen **NBC Experience Store** starten sowohl die NBC Studio Tour als auch die Rockefeller Center Tour.

Von außen lässt die **Radio City Music Hall ❸** (s. Nightlife, S. 146) kaum erahnen, wie groß das New Yorker Wahrzeichen, ausgelegt für bis zu 6200 Zuschauer, tatsächlich ist. Bei jeder Show ist der Star immer auch der riesige Saal mit seiner grandiosen Art-déco-Ausstattung. Die goldumrahmte

Radio City Music Hall

69

Bühne soll den Eindruck eines Sonnenuntergangs auf hoher See vermitteln. Auf der buchbaren Stage Tour wird u. a. die Geschichte der legendären Tanztruppe »The Rockettes« erzählt, die seit 1932 in der Radio City Music Hall auftritt.

Als vom Rockefeller Center noch keine Rede war, entstand im Osten des Areals eine gigantische Kirche. Mit Unterbrechungen dauerte es fast 50 Jahre, bis die **St. Patrick's Cathedral** ❹ an der 5th Avenue 1906 fertiggestellt war. Der riesige Innenraum des neogotischen Gotteshauses bietet 2200 Gläubigen Platz.

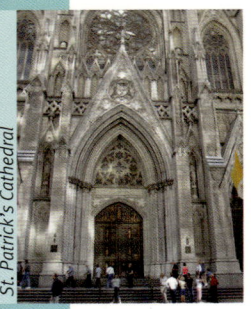

Saks Fifth Avenue ❺ (s. Shopping, S. 143) ist in den USA ein Begriff für modische (und nicht ganz billige) Kleidung. Das 1924 eröffnete Stammhaus befindet sich natürlich an der Fifth Avenue. Längst ist dieses Kaufhaus, in dem die Erfolgsgeschichte von Saks 1924 begann, nicht mehr das größte der Kette. Und doch sollen hier 20 Prozent des Konzernumsatzes getätigt werden.

Kein anderes Hotel ist so untrennbar mit New York verbunden wie das **Waldorf-Astoria** ❻ (s. Hotels, S. 131) an der Park Avenue. Der 191 m und 47 Stockwerke hohe Art-déco-Bau gilt als Inbegriff von Hotelluxus. Neben dem Herzog und der Herzogin von Windsor nächtigten hier US-Präsidenten und Prominente. Der berühmte Waldorf-Salat steht natürlich immer noch auf der Speisekarte, kreiert wurde er allerdings im ursprünglichen Waldorf-Astoria an der Fifth Avenue, das beim Bau des Empire State Building abgerissen wurde.

Touren im Anschluss: 15, 16, 17, 18

St. Patrick's Cathedral

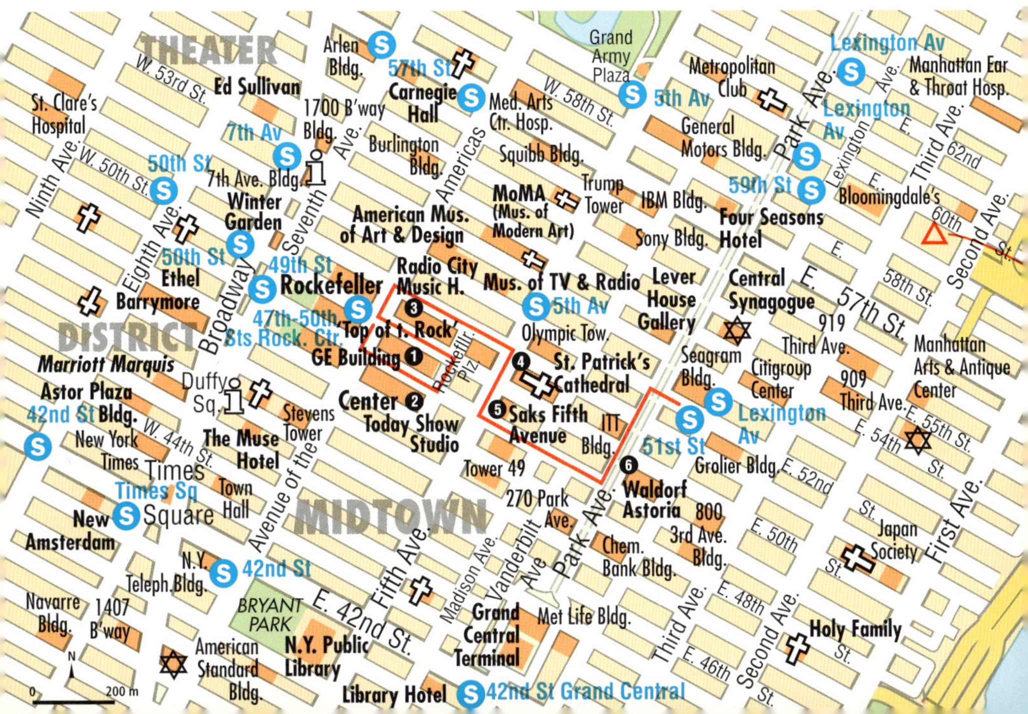
THEATER
DISTRICT
MIDTOWN
St. Clare's Hospital
Ninth Ave.
W. 53rd St.
W. 50th St.
Ed Sullivan
Arlen Bldg.
57th St
Carnegie Hall
1700 B'way Bldg.
7th Av
50th St
7th Ave. Bldg.
Winter Garden
Eighth Ave.
50th St
Ethel Barrymore
Broadway
Seventh Ave.
49th St
Rockefeller
47th-50th Sts Rock. Ctr.
Marriott Marquis
Astor Plaza
42nd St Bldg.
Duffy Sq.
W. 44th St.
New York Times
Times Square
Times Sq
New Amsterdam
The Muse Hotel
Stevens Tower
Town Hall
Avenue of the Americas
N.Y. Teleph.Bldg.
42nd St
Navarre Bldg.
1407 B'way
BRYANT PARK
American Standard Bldg.
N.Y. Public Library
Library Hotel
E. 42nd St.
Fifth Ave.
Burlington Bldg.
Med. Arts Ctr. Hosp.
W. 58th St.
Squibb Bldg.
American Mus. of Art & Design
Radio City Music H.
'Top of t. Rock'
GE Building
Center
Today Show Studio
Rockefllr. Plz.
MoMA (Mus. of Modern Art)
Trump Tower
IBM Bldg.
Sony Bldg.
Mus. of TV & Radio
5th Av
Olympic Tow.
St. Patrick's Cathedral
Saks Fifth Avenue
ITT Bldg.
Tower 49
270 Park Ave.
Madison Ave.
Vanderbilt Ave
Grand Central Terminal
42nd St Grand Central
Grand Army Plaza
5th Av
Metropolitan Club
General Motors Bldg.
Park Ave.
59th St
Four Seasons Hotel
Lever House Gallery
Central Synagogue
Seagram Bldg.
Lexington Av
51st St
Waldorf Astoria
Chem. Bank Bldg.
Met Life Bldg.
Lexington Av
Manhattan Ear & Throat Hosp.
Lexington Ave.
Third Ave.
E. 62nd
Bloomingdale's
E. 60th St.
Second Ave.
E. 58th St.
E. 57th St.
919 Third Ave.
Citigroup Center
909 Third Ave.
Manhattan Arts & Antique Center
E. 55th St.
E. 54th St.
Grolier Bldg.
E. 52nd St.
800 3rd Ave. Bldg.
E. 50th St.
Japan Society
First Ave.
E. 48th St.
E. 46th St.
Holy Family
N
0
200 m

Tour 17

Moderne Kunst und Mediales in Midtown

lang

Citigroup Center → Central Synagogue → Seagram Building → Museum of Television and Radio → *MoMA

Es gibt Kunstinteressierte, die nach New York nur wegen des Museum of Modern Art, kurz MoMA, reisen. Wer sich vom Flughafen aus ein Taxi nur zu dieser Ikone der modernen Kunst nimmt, verpasst in direkter Nachbarschaft Hochhäuser mit Geschichte und ein umfangreiches US-Fernseharchiv.

Start:	Ⓢ 53rd St. – Lexington Ave. (Train E, M)
Ziel:	Ⓢ 57th St. (Train F)
Wann:	tagsüber

Ein Wolkenkratzer auf Stelzen – so etwas bekommt man nicht alle Tage zu sehen. Nicht nur die Höhe von 279 m macht das **Citigroup Center ❶** sehenswert, mit seiner angeschrägten Spitze und dem auf vier Pfeilern ruhenden Aluminiumturm ist es ein Blick- und leider auch Windfang. Ein Student warf im Jahr 1978 die Frage auf, ob die Konstruktion heftigen Böen standhalten könne. Das für die Statik verantwortliche Ingenieursbüro fand heraus, dass starker Wind aus einem bestimmten Winkel dem Citigroup Center tatsächlich gefährlich werden konnte. Daraufhin nahm man schnell strukturelle Verstärkungen vor.

Citigroup Center

Die **Central Synagogue** ❷ an der Lexington Avenue/Ecke East 55th Street wurde 1872 fertiggestellt. Sie ist die älteste durchgehend genutzte Synagoge der Stadt. Ihr Bauschmuck im Moorish Revival Style sollte an das Judentum im maurisch beherrschten Südspanien erinnern.

Der weitere Weg auf der Park Avenue in Richtung Süden führt am **Lever House** und einer kontrovers diskutierten Skulptur vorbei: Damien Hirsts **Virgin Mother** zeigt eine Schwangere, deren rechte Hälfte aufgeschnitten ist und den Blick auf den Fötus frei gibt. Unumstritten ein Meilenstein der Architekturgeschichte ist hingegen das **Seagram Building** ❸ von Ludwig Mies van der Rohe. Das 157 m hohe Gebäude im International Style hatte enormen Einfluss auf künftige Wolkenkratzer. Van der Rohe ließ als Erster in Manhattan einen Platz zu Füßen eines Gebäudes unbebaut. Auf Entwürfe van der Rohes und seines Schülers Philip Johnson geht auch das Interieur des Nobelrestaurants **Four Seasons** im Seagram Building (amerikanisch, ○○○) zurück – hier zu dinieren ist ein Erlebnis. Alternativ kann man auf der Plaza des Seagram Building ein Sandwich aus einem der umliegenden Delis genießen – und dabei die Skulptur **Ordinary** von Alexander Calder bewundern.

A. Calder: Ordinary

In einem spektakulären Bau Philip Johnsons ist das **Museum of Television and Radio** ❹ (offiziell Paley Center for Medias, Mo, Di geschl.) untergebracht, das die Overtüre zur Museum Row bildet. Mit annähernd 150 000 archivierten Programmen zur Auswahl fällt die Entscheidung schwer, welche Lieblingssendung man sich auf einer der Radio- bzw. Fernsehkonsolen anhören oder ansehen möchte. In jedem Fall wird der Besuch des Museums auch zu einer Zeitreise, denn das Archiv reicht weit mehr als ein halbes Jahrhundert zurück. Und vielleicht ist anschließend auch die Verzückung verständlich, mit der Amerikaner vom Fernsehen der guten, alten Zeit sprechen.

Nach umfassender Renovierung präsentiert das ***Museum of Modern Art** ❺ (Di geschl.) seine riesige Sammlung nun auf einer verdoppelten Fläche von fast 60 000 m². Trotz der Fülle der Exponate zur modernen Kunst wirkt das Museum nicht überladen. Zu diesem Eindruck trägt sicher auch die schlichte Architektur des Japaners Yoshio Taniguchi bei. Meilensteine der Kunstgeschichte wie van Goghs »Sternennacht«, Picassos »Demoiselles d'Avignon« oder Monets »Seerosen« kommen nun noch besser zur Geltung. Das museale Vergnügen hat allerdings seinen Preis: Deutlich mehr als 20 $ sind als Eintrittspreis fällig – außer der geplante Museumsbesuch fällt auf einen Freitag. Dann gilt während der erweiterten Öffnungszeiten von 16 bis 20 Uhr freier Eintritt. Allerdings sollte man sich nicht der Illusion hingeben, während dieses Zeitraums das Museum auch nur annähernd erkunden zu können. Egal ob freitags oder an jedem anderen Tag: Wer den hervorragend sortierten Museumsshop **MoMA Design Store** (s. Shopping, S. 141) auslässt, macht einen Fehler.

Mit Restaurants ist die Museum Row nicht gerade reich gesegnet. Eine Ausnahme bildet das dem MoMA angeschlossene **The Modern** (amerikanisch, ○○), wo man die Kultur-Tour trefflich abschließen kann.

Touren im Anschluss: 16, 18, 21

Columbus Circle
59th St Columbus Circle
Wollman Memorial Rink
Zoo
The Pond
Fifth Ave. Synagogue
Grand Army Plaza
Central Park South
Fifth Ave.
S.D. Roosevelt Mem. House
N.Y. Academy of Sciences
68th St Hunter Coll.
Park Ave.
E. 67th St.
Lexington
E. 65th St.
Third Ave.
Lexington Av
Metropolitan Club
E. 63rd St.
Lexington Av
General Motors Bldg.
59th St
Bloomingdale's
Second Ave.
Four Seasons
E. 59th St.
IBM Bldg.
Trump Tower
Sony Bldg.
Lever House Gallery
Central Synagogue
E. 57th St.
919 Third Ave.
E. 56th
Manhattan Arts & Antique Center
909 Third Ave.
Citigroup Center
Lexington Av
E. 54th St.
Seagram Bldg.
51st St
Grolier Bldg.
Third Ave.
E. 52nd St.
First Ave.
Waldorf Astoria
800 3rd Ave. Bldg.
Park Ave.
270 Park Ave.
Tower 49
ITT Bldg.
Park Ave. Plaza
Olympic T.
St. Patrick's Cathedral
5th Av
Mus. of TV & Radio
MoMA (Mus. of Modern Art)
Squibb Bldg.
Med. Arts Ctr. Hosp.
5th Av
W. 58th St.
57th St
Carnegie Hall
Americas
Burlington Bldg.
Radio City Music H.
Rockefeller Center
GE Bldg.
'Top of the Rock'
47th-50th Sts Rock. Ctr.
Fifth Ave.
MIDTOWN
Avenue of the
Stevens Tower
Town Hall
Times Square
Times Sq
The Muse Hotel
New York Times
Astor Plaza Bldg.
Duffy Sq.
Marriott Marquis
DISTRICT
Barrymore
Ethel
Seventh
Broadway
49th St
50th St
Winter Garden
7th Ave. Bldg.
7th Av
1700 B'way Bldg.
Ave.
Arlen Bldg.
57th St
Mus. of Art and Design
THEATER
Ed Sullivan
W. 57th St.
W. 55th St.
Ninth Ave.
W. 53rd St.
W. 52nd St.
St. Clare's Hospital
W. 50th St.
50th St
N
0
200 m
1
2
3
4
5

Tour 18

Fifth Avenue: Shop 'til you drop

mittel

Bloomingdale's → DKNY → FAO Schwarz → IBM Building → Tourneau → Niketown → Apple → Tiffany & Co → Trump Tower → Abercrombie & Fitch

»Shop 'til you drop«, »Einkaufen bis zum Umfallen«, lautet eine Devise, der die Amerikaner allzeit bereitwillig folgen: Extensives Shopping ist Volkssport. In einigen Geschäften auf dieser Tour wird es allerdings besser sein, sich aufs Zuschauen zu beschränken.

Start: Ⓢ 59th St. – Lexington Ave. (Train 4, 5, 6)
Ziel: Ⓢ 5th Ave. – 53rd St. (Train E, M)
Wann: tagsüber oder am frühen Abend, auch bei Regen

Das exklusive Kaufhaus **Bloomingdale's ❶**, auch liebevoll »Bloomie's« genannt, ist eine New Yorker Institution. Von Kosmetika über Kleidung bis zu Einrichtungsgegenständen findet man hier alle großen und bekannten Marken. Berühmt sind die Bloomingdale-Einkaufstaschen: Die »Brown Bags« wurden von Star-Designern wie Michael Vollbracht entworfen.

David Burke, Betreiber des Restaurants **David Burke Townhouse ❷** (s. Restaurants, S. 133), wurde einmal mit dem Titel »Einfallsreichster kulinarischer Witzbold« geehrt. Legendär sind seine Desserts, z. B. der Lollipop Cheesecake Tree.

Auf der Madison Avenue in Höhe der E. 60th Street buhlen links **DKNY** (s. Shopping, S. 140) und rechts **Calvin Klein** um

DKNY

76

zahlungskräftige Kunden. In den Räumen von **FAO Schwarz** ❸ (s. Shopping, S. 140), dem angeblich größten Spielzeuggeschäft der Welt, hat man auch als Erwachsener einen Riesenspaß. Gut betuchte Eltern können das Geschäft für eine Nacht mieten. Die Kids feiern dann die Party ihres Lebens, während Mama und Papa vielleicht bei **TAO** (42 E. 58th St., asiatisch, ○○), bekannt aus »Sex and the City«, entspannen.

FAO Schwarz

Gar nichts mit Shoppen zu tun hat das ehemalige **IBM Building,** heute nach seiner Hausnummer 590 Madison benannt. Doch seine Architektur ist bemerkenswert: Der Basis des Wolkenkratzers aus poliertem schwarzen Stein fehlt eine Ecke, weswegen Teile des Turms in der Luft zu schweben scheinen. Die Leerstelle nimmt Alexander Calders Plastik **Saurien** ein. Am Flagshipstore der Uhrenkette **Tourneau** (12 E. 57th St.) zeigen 18 Uhren die Zeit in aller Welt an, darüber prangt eine riesige mit der US-Ostküstenzeit. Eher eine Welt als, wie der Name andeutet, eine Stadt für sich ist **Niketown** (s. Shopping, S. 142). Der Konsumtempel bietet sich zur Beobachtung von Menschen an, für die ein Paar Turnschuhe mit Nike-Symbol den höchsten aller Wünsche darstellt.

A. Calder's Saurien

Kult auf einer anderen finanziellen Ebene wird um die Produkte der Marke **Christian Dior** getrieben. Deshalb darf ein Geschäft natürlich in der Nähe der 5th Avenue keinesfalls fehlen (21 E. 57th St). Auch wenn viele der modischen Accessoires unerschwinglich erscheinen, dürfte das Budget doch für ein Parfum reichen, das das weltberühmte Logo Christian Diors trägt.

Vor dem Einbiegen nach links in die 5th Avenue ist ein kurzer Abstecher nach rechts nicht nur für Computerfans Pflicht: Der **Apple-Store** ❹ (767 5th Ave) ist einer der umsatzstärksten des Konzerns – das Gedränge erweckt den Eindruck, dass es hier irgendwo etwas umsonst geben müsste. Das ist – Stammkunden wissen es – ganz und gar nicht der Fall.

Der Juwelier **Tiffany & Co.** ❺ wurde durch den Film »Frühstück bei Tiffany« mit Audrey Hepburn weltberühmt. Seine Geschichte reicht bis ins Jahr 1837 zurück, als Tiffany (ohne Co.) noch Schreibwaren verkaufte. Die Zurückhaltung von Tiffany & Co. ist so gar nicht Sache des Finanz-Tycoons Donald Trump. Dessen **Trump Tower** ragt direkt neben dem Juwelier 68 Stockwerke in die Höhe. Über die vergoldeten T's im Atrium kann man fassungslos den Kopf schütteln – oder einfach nur lächeln. In der Lobby zieht ein 60 m hoher Wasserfall vor lachsfarbener Marmorwand die Blicke auf sich. Das Glitzerparadies ist eine Art Shopping-Mall für die oberen Zehntausend.

Der Ruf, Billigware zu verkaufen, haftet auch **Abercrombie & Fitch** ❻ (s. Shopping, S. 138) schräg gegenüber nicht an. Die farbenfrohe Mode von »A & F«, erkennbar am Elch-Logo, sieht schon im Laden abgenutzt aus – ein Stilmittel des Vintage-Looks. Allerdings sollte man sich vor einem Besuch Ohrenstöpsel zulegen. Die überlaut wummernde Musik findet wohl nur erträglich, wer das 20. Lebensjahr noch nicht vollendet hat. Natürlich ist auch **The Gap** (z. B. Nr. 680, s. Shopping, S. 143) an der Fifth Avenue mehrfach vertreten.

Touren im Anschluss: 16, 17, 19

Abercrombie & Fitch

78

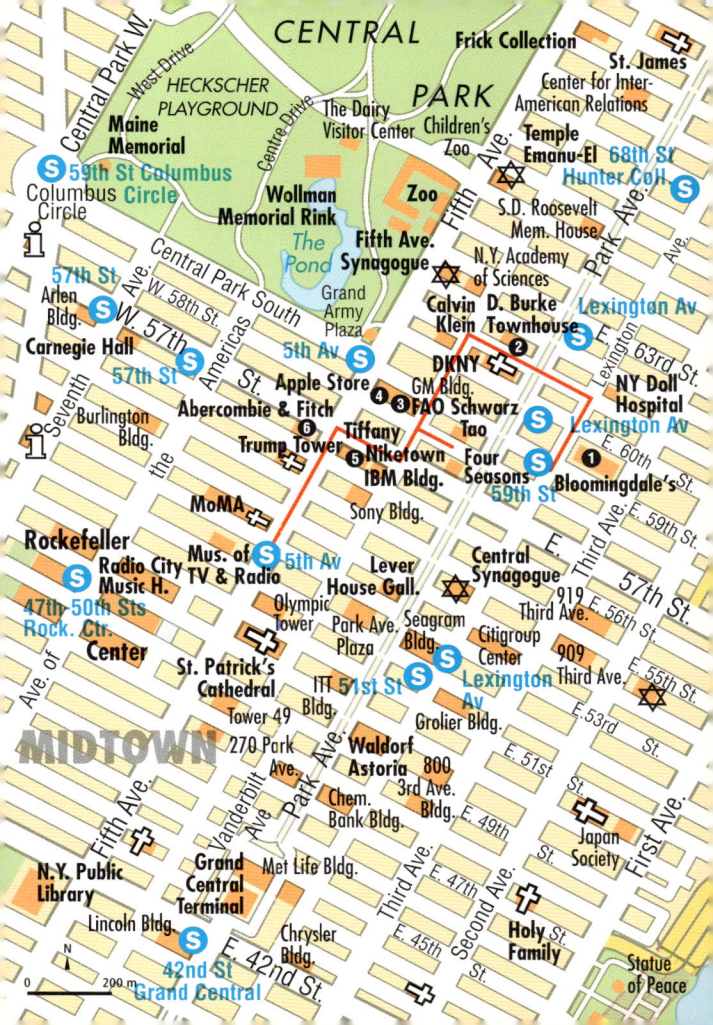

CENTRAL PARK

Frick Collection
St. James
Center for Inter-American Relations

Central Park W.
West Drive
HECKSCHER PLAYGROUND
Maine Memorial
The Dairy Visitor Center
Children's Zoo
Temple Emanu-El
68th St Hunter Coll.
59th St Columbus Circle
Columbus Circle
Wollman Memorial Rink
Zoo
S.D. Roosevelt Mem. House
Centre Drive
Fifth Ave. Synagogue
N.Y. Academy of Sciences
The Pond
Fifth Ave.
Calvin Klein
D. Burke Townhouse
Lexington Av
Central Park South
Grand Army Plaza
W. 58th St.
DKNY
Lexington 63rd St
57th St
Arlen Bldg.
Ave. of the Americas
GM Bldg.
NY Doll Hospital
Carnegie Hall
5th Av
Apple Store
FAO Schwarz
Lexington Av
57th St
W. 57th St.
Abercrombie & Fitch
Tiffany
Tao
E. 60th St.
Burlington Bldg.
Trump Tower
Niketown
Four Seasons
Bloomingdale's
Seventh Ave.
IBM Bldg.
59th St
MoMA
Sony Bldg.
E. 59th St.
Rockefeller
Radio City Music H.
Mus. of TV & Radio
5th Av
Lever House Gall.
Central Synagogue
Third Ave.
E. 57th St.
47th-50th Sts Rock. Ctr.
Olympic Tower
Seagram Bldg.
919 Third Ave.
E. 56th St.
Center
St. Patrick's Cathedral
Park Ave. Plaza
Citigroup Center
909 Third Ave.
E. 55th St.
Ave. of Americas
Tower 49
ITT 51st Bldg.
51st St
Lexington Av
Grolier Bldg.
E. 53rd St.
MIDTOWN
270 Park Ave.
Waldorf Astoria
800 3rd Ave. Bldg.
E. 51st St.
Fifth Ave.
Chem. Bank Bldg.
E. 49th St.
Japan Society
N.Y. Public Library
Vanderbilt Ave.
Grand Central Terminal
Met Life Bldg.
Third Ave.
E. 47th St.
First Ave.
Lincoln Bldg.
Second Ave.
Holy Family
Chrysler Bldg.
E. 45th St.
Statue of Peace
42nd St Grand Central
E. 42nd St.

0   200 m

Tour 19

Kunst und Natur: Central Park South

lang

***Metropolitan Museum of Art → Whitney Museum of American Art → Frick Collection → Central Park Zoo → Wollman Rink → Grand Army Plaza**

Mit dem Metropolitan Museum of Art, dem Whitney Museum und der Frick Collection wartet diese Tour für Kunstliebhaber mit einem Museums-Triathlon auf, der es in sich hat. Zum Glück bieten die exquisiten Restaurants der East Side Erholung, wenn einem nach der großen Dosis Kunst der Kopf brummt.

Start: Ⓢ 77th St. (Train 6)
Ziel: Ⓢ 5th Ave.–59rd St. (Train N, R, Q)
Wann: tagsüber, auch bei Regen

Kunstfreunde müssen achtgeben, dass diese Tour nicht schon gleich am Anfang ihr Ende findet: Das ***Metropolitan Museum of Art ❶** (Mo geschl.) beherbergt eine der bedeutendsten Kunstsammlungen der westlichen Welt. In dem einzigen großen Gebäude des Central Park kann man sich leicht verlieren. Der 1880 errichtete Backsteinbau, an dessen Gestaltung Calvert Vaux beteiligt war, wurde im Laufe der Jahrzehnte immer wieder erweitert. Die Ausstellung des Universalmuseums umfasst Exponate von steinzeitlichen Kultgegenständen bis zu Werken der Gegenwartskunst. Die größten Abteilungen

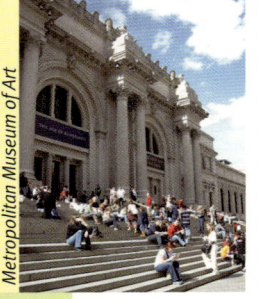

Metropolitan Museum of Art

widmen sich Europa und Amerika, außerdem gibt es Themenschwerpunkte u. a. zu Ägypten, Afrika und Asien. Zu den Highlights gehören der Tempel von Dendur, Frank Lloyd Wrights Arbeitszimmer und eine Bankfassade aus der Wall Street. Vom **Cantor Roof Garden** auf dem Dach des Lila Acheson Wallace Wing genießt man einen herrlichen Blick über den Central Park und auf die Skyline von Manhattan. Sofern man nicht Wochen im Metropolitan Museum verbringen will, muss man auswählen und sich auf ein paar wenige Räume konzentrieren. Einen Informationsstand gibt es in der Eingangshalle.

Naturgemäß ein wenig kleiner muss jedes andere New Yorker Museum ausfallen, so auch das von Bauhaus-Mitglied Marcel Breuer entworfene **Whitney Museum of American Art** ❷ (Mo, Di geschl.). Die Bildhauerin Gertrude Whitney Vanderbilt, die in den 1930er-Jahren jungen Künstlern Ausstellungsmöglichkeiten bot, gilt als »Mutter« des Whitney. Zu sehen sind hier ausschließlich Werke amerikanischer Künstler des 20. und 21. Jhs. Mit 2500 Werken besonders stark vertreten ist die realistische, Einsamkeit ausstrahlende Malerei Edward Hoppers.

Die **Frick Collection** ❸ (Mo geschl.) ist im ehemaligen Stadtpalast des Stahlmagnaten Henry Clay Frick untergebracht. Er ließ die neoklassizistische Villa 1914 eigens erbauen, um seiner umfangreichen Sammlung Alter Meister – u. a. Brueghel, Vermeer, Rembrandt, El Greco, Goya und Velázquez – einen würdigen Rahmen zu bieten. Die Kunstwerke wurden teilweise in ihrer ursprünglichen Umgebung belassen, z. B. im Speisezimmer oder in der Bibliothek, und geben so einen Eindruck vom Lebensstil des New Yorker Geldadels im 19. Jh.

Frick Collection

Nach diesem Museums-Triathlon wird es Zeit für andere Genüsse. In der Upper East Side haben sich neben prämierten Gourmet-Tempeln auch viele gemütliche Familien-Restaurants angesiedelt. Gehobene Küche wird hingegen im **JoJo** (160 E. 64th St., französisch, ○○–○○○) zelebriert, einem Restaurant des Starkochs Jean-Georges Vongerichten. Nicht nur die exquisiten Gerichte, auch die Gäste sind hier ein Erlebnis: Hungrige aus aller Herren Länder genießen vor dem Theater oder nach dem Museum die besondere Atmosphäre des kleinen Bistros im Stil der Jahrhundertwende.

Über die E. 64th Street geht es anschließend wieder zurück nach Westen in Richtung Central Park. Wer Kinder im Schlepptau hat, sollte dem **Central Park Zoo** ❹ einen Besuch abstatten. Mit seinen 20 000 m² ist er im Vergleich zum Bronx Zoo winzig – die liebevoll gestaltete Anlage mit Tropic Zone, Temperate Territory und Polar Circle erfreut sich jedoch bei den New Yorkern großer Beliebtheit. Seit 1997 ist ihr **Tisch's Children Zoo** angeschlossen, wo auf kleine Tierfreunde ein Streichelgehege wartet.

Auf dem **Wollman Memorial Rink** ❺ kann man je nach Jahreszeit eislaufen oder inlineskaten (Ausleihmöglichkeit) – bei einem fantastischen Blick auf die Skyline.

Den Central Park verlassen sie schließlich über die **Grand Army Plaza** ❻, wo der Pulitzer Memorial Fountain einen eindrucksvollen Akzent setzt.

Touren im Anschluss: 17, 18, 20

Wollman Memorial Rink

Rose Center for Earth and Space
81st St-Museum of Natural History
THE GREAT LAWN
Guggenheim Museum
Yivo Institute for Jewish Research
American Museum of Natural History
Delacorte Theater
Cleopatra's Needle
Belvedere Castle
Turtle Pond
N.Y. Historical Society
Transverse Rd. No.2
Metropolitan Museum of Art
Goethe Institute
Columbus Ave.
Central Park West
West Drive
Fifth Avenue
Madison Ave.
E. 82nd St.
E. 81st St.
THE RAMBLE
CENTRAL
Ukrainian Inst. of America
72nd St
The Lake
YORK-VILLE
STRAWBERRY FIELDS
Boathouse Reastaurant
Statue of Alice in Wonderland
E. 79th St.
Harkness House
77th St
Bethesda Fountain
Statue of H. Ch.Andersen
Lenox Hill Hospital
Conservatory Pond
E. 77th St.
THE SHEEP MEADOW
Bridle Path
PARK
Frick Art Reference Library
Whitney Museum of American Art
Frick Collection
St. James
E. 74th St.
Center for Inter-American Relations
Asia Society
UPPER EAST SIDE
Centre Drive
The Dairy Visitor Center
Children's Zoo
Temple Emanu-El
68th St Hunter Coll.
Hunter College
E. 72nd St.
E. 71st St.
Wollman Memorial Rink
Zoo
S.D. Roosevelt Mem. House
Park Ave.
Park East Synagogue
E. 69th St.
The Pond
Fifth Ave. Synagogue
Lexington Ave.
Third Ave.
E. 67th St.
E. 66th St.
E. 65th St.
E. 64th St.
E. 63rd St.
Second Ave.
Grand Army Plaza
Metropolitan Club
JoJo
Med. Arts Ctr. Hosp.
5th Av
Lexington Av
Manhattan Ear & Throat Hosp.
General Motors Bldg.
First Ave.
N
0 200 m
1
2
3
4
5
6

Tour 20

Die Museumsmeile in Carnegie Hill

Neue Galerie → *Solomon R. Guggenheim Museum → Cooper-Hewitt National Design Museum → Jewish Museum → Museum of the City of New York → El Musio del Barrio

lang

Für Museumsliebhaber droht bei dieser Tour die Qual der Wahl – nicht umsonst wird der nördliche Abschnitt der 5th Avenue sogar in den Stadtplänen als »Museum Mile« bezeichnet. Eine Reihe meist kleiner, aber feiner Museen bietet die ideale Zerstreuung an einem Regentag – aber natürlich nicht nur dann.

Start: Ⓢ 86th St. (Train 4, 5, 6)
Ziel: Ⓢ 103rd St. (Train 6)
Wann: tagsüber, auch bei Regen

Vom Startpunkt dieser Tour ist die Fifth Avenue (die bis zur E. 105th Street Museum Mile heißt) nur drei Blocks entfernt. Mit einigem Selbstbewusstsein wartet hier die **Neue Galerie** ❶ (Di, Mi geschl.) auf. Das Museum für deutsche und österreichische Kunst des frühen 20. Jhs. (u. a. Klimt, Schiele, Kokoschka, Klee, Kandinsky) hat sich gar nicht erst die Mühe gemacht, nach einem US-Namen zu suchen. Wiener Kaffeehaus-Charme verbreitet das **Café Sabarsky** (○○) im Erdgeschoss.

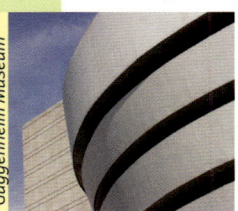

Ein Vermächtnis Frank Lloyd Wrights an New York ist das 1959 eröffnete ***Solomon R. Guggenheim Museum** ❷ (Do geschl.). Das einzigartige Gebäude wirkt von außen

Guggenheim Museum

84

wie ein auf den Kopf gestelltes Schneckenhaus. Im Inneren folgt der Besucher einer spiralförmigen Rampe nach oben und hat dabei die Möglichkeit, die Ausstellungsstücke aus verschiedenen Perspektiven zu betrachten. Im »Schneckenhaus« werden Wechselausstellungen gezeigt, während die berühmte Sammlung der klassischen Moderne sich in einem modernen Anbau befindet.

Das Old Carnegie Mansion verdeutlicht, wie aus der nördlichen Fifth Avenue die Museum Mile wurde. Wer um 1900 in New York etwas auf sich hielt, ließ sich hier ein repräsentatives Anwesen errichten – und er sammelte Kunst. Als der Geldadel an Einfluss verlor, wurden viele Villen in Stiftungen umgewandelt. So ist im Old Carnegie Mansion, das sich Stahl-Magnat Andrew Carnegie 1901 bauen ließ, heute das **Cooper-Hewitt National Design Museum** ❸ (tgl. geöffnet) untergebracht. Es besitzt die größte Sammlung von Architektur- und Designentwürfen in den USA, weiterhin Möbel, Textilien und Keramik sowie Holz- und Glasarbeiten. In der Grünanlage stehen Gartenbänke des Central Park aus verschiedenen Epochen.

Ihre Töchter schickte die High Society gern ins **Convent of the Sacred Heart** ❹, bis heute New Yorks exklusivste private Mädchenschule. Die bereits 1881 gegründete katholische Lehranstalt ist in zwei prachtvollen Stadtpalästen untergebracht, den Otto Kahn und James A. Burden Jr. Mansions. Das **Jewish Museum** ❺ (Mi geschl.) fand seinen Platz in einem neogotischen Anwesen von 1908. Die Sammlung lässt 4000 Jahre jüdischer Geschichte Revue passieren. Besonders gern besucht wird jener

Jewish Museum

Teil des Museums, der den Einfluss der Juden auf die amerikanische Radio- und TV-Landschaft reflektiert – einige der größten Komiker des Landes sind jüdischen Glaubens.

Bis zum nächsten Museum ist es ein ordentlicher Fußmarsch, weshalb sich zuvor eine Stärkung empfiehlt. Über die E. 94th Street und die Madison Avenue erreicht man eines der wenigen Restaurants in dieser Gegend, das **Maharaja Palace** (indisch, ○○). Die Portionen sind üppig, die Preise moderat. Anschließend führt die Tour weiter zum **Museum of the City of New York** ❻. Es wurde 1923 als erstes stadtgeschichtliches Museum der USA gegründet. Bei der Auswahl der Exponate war weniger ein Gesamtüberblick angestrebt; stattdessen dokumentieren ausgewählte Themenbereiche und Zeitabschnitte die Entwicklung des städtischen Lebens. Dazu gehören z. B. Ausstellungsstücke aus dem Theater, eine Spielzeug- und Puppenhaussammlung, Gemälde, Fotos, Kostüme, Skulpturen und seltene Bücher.

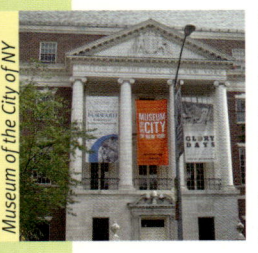

Hinter dem Namen **El Museo del Barrio** ❼ (Mo geschl.) verbirgt sich das einzige Museum in New York, das sich der Kunst und Kultur der hispanischen Einwanderer widmet, vor allem jener der Puertoricaner. Es setzt einen Kontrapunkt zu glatt gebürsteten Ausstellungen, wie z. B. jener des Guggenheim-Museums. Der Enthusiasmus der Betreiber ist hier überall zu spüren.

Tour im Anschluss: 19

103th St
Park
West
Central
The Pool
Lasker Rink
& Pool
Harlem
Meer
Frawley
Circus
Fort Clinton
The Loch
E. 109th
St.
Flower 5th
Ave. Hosp.
CONSERVATORY
GARDENS
El Museo
del Barrio
CENTRAL
Fifth Avenue
Museum
of N.Y.C.
NORTH MEADOW
Transverse Rd. No. 4
103rd St
Lexington Ave.
Park Ave.
Madison Ave.
Mt. Sinai
Hospital
E. 102nd
St.
Tennis
Avenue
E. 100th St.
Third Ave.
E. 98th St.
Jaqueline Kennedy
Onassis Reservoir
International Center
of Photography
Fifth
Maharaja Palace
96th St
E. 96th St.
Convent of the
Sacred Heart
Jewish
Museum
Cooper-Hewitt
Nat. Design
Museum
National Academy
of Design
E.
94th St.
Park Avenue
Lexington Ave.
E.
Guggenheim
Museum
92nd St.
Second
Avenue
Yivo Institute for
Jewish Research
Neue Galerie
E.
Madison Ave.
Park Ave
Synagogue
90th
St.
Metropolitan
Museum
of Art
E.
Third
Avenue
88th St.
First
Avenue
86th St
E.
86th St.
Goethe
Institute
84th St.
N
0
200 m
YORKVILLE

Tour 21

West Side Story: Vom Slum zum Musentempel

mittel

Lincoln Center for the Performing Arts → Tucker Square Greenmarket → American Folk Art Museum → Columbus Circle → Time Warner Center → Museum of Arts & Design → *Carnegie Hall

Wo sich heute die Musentempel reihen, tobten früher erbitterte Bandenkriege. Die Erbauung des Lincoln Center verlieh einem vernachlässigten Stadtteil ein völlig neues Gesicht. Den rauen Alltag in San Juan Hills – der Slum nahm etwa den Bereich der heutigen 60er Streets ein – schildert das berühmte Musical »West Side Story«, das 1961 auch verfilmt wurde.

Start: Ⓢ 66th St. – Lincoln Center (Train 1)
Ziel: Ⓢ 57th St./7 Ave. (Train N, Q, R)
Wann: tagsüber, Do und Sa ist Farmers Market

Mit Kleinigkeiten gibt sich der New Yorker nicht ab. Diese Erkenntnis bestätigt sich ein weiteres Mal, wenn man aus der U-Bahn-Station kommt und das **Lincoln Center for the Performing Arts** ❶ bestaunt. Alle Hallen zusammengenommen bieten 18 000 Besuchern Platz. Beliebtestes Fotomotiv ist das **Metropolitan Opera House** mit seinen fünf riesigen Bogenfenstern, 1966 entworfen von Architekt Wallace K. Harrison. Die »New York Met« ist zwar die Diva im Lincoln Center, aber längst nicht der einzige Besuchermagnet. Gegenüber dem Opernhaus thront die

Metropolitan Opera

klassizistische **Avery Fisher Hall,** heute Sitz der New Yorker Philharmoniker. Im **David H. Koch Theater** ist das New York City Ballet untergebracht. Im **Lincoln Center Theater** wetteifern zwei Theater um die Gunst der Zuschauer, das Vivian Beaumont Theater und das kleine Mitzi E. Newhouse Theater. Touren führen täglich durch die wichtigsten Gebäude und über das Gelände (www.lincolncenter.org). An der Ecke W. 66th Street/Columbus Avenue kann man donnerstags und samstags ein Kontrastprogramm zur Kunst erleben: Zu jeder Jahreszeit füllen Bauern am **Tucker Square Greenmarket** die Auslagen ihrer Stände mit Obst, Gemüse, Käse und Fleisch. In unmittelbarer Nachbarschaft hat das **American Folk Art Museum** ❷ (Mo geschl.) seine neue Heimat gefunden. Amerikanische Malerei und Skulpturen des 18. und 19. Jhs. sind hier in einer beeindruckenden Ausstellungsfülle zu sehen.

Wehmütig können New-York-Fans im Verlauf der weiteren Route werden: Das Tavern on the Green galt als romantischstes Restaurant der Stadt und war angeblich das zweitumsatzstärkste in den USA. Half alles nichts: Die hohen Grundstückspreise wurden ihm zum Verhängnis. Immerhin gibt es in lukullischer Hinsicht mit dem **Nougatine at Jean Georges** eine Alternative (s. Restaurants, S. 135). Ein Spaziergang durch die Südwestecke des Central Park führt weiter zum **Columbus Circle,** wo sich eine der raren Gelegenheiten bietet, die New Yorker in einem Kreisverkehr fahren zu sehen. Während in den unteren Stockwerken des **Time Warner Center** ❸ Edelboutiquen auf Kunden warten, sind in den Etagen fünf bis sie-

Columbus Circle

ben unter Federführung des **Lincoln Center** zwei Konzerthallen und ein **Jazz-Café** untergebracht (s. Nightlife, S. 146). Dank der Glasfassade sind hinter der Bühne der Central Park und die Skyline von New York zu sehen. Der Hochhauskomplex mit den 229 m hohen Zwillingstürmen von David Childs beherbergt weiterhin die CNN-Studios, ein Fünf-Sterne-Hotel und Luxusapartments. Das **Museum of Arts & Design** ❹ (Mo geschl.) zeigt zeitgenössisches Kunsthandwerk aus Ton, Glas, Metall, Holz, Glasfaser u. a. Materialien.

Über W. 58th Street und 7th Avenue führt der Weg nun zur 1890–97 erbauten *****Carnegie Hall** ❺, einer der berühmtesten Konzerthallen der Welt. Der Backsteinbau im Stil der Neorenaissance wurde von Stahlmagnat Andrew Carnegie gesponsort. Peter Tschaikowsky dirigierte das Eröffnungskonzert. Die Carnegie Hall wird überwiegend für klassische Konzerte genutzt. Zwar reichen ihre Kapazitäten nicht an die des Lincoln Center heran, der Hauptsaal fasst aber immerhin 2800 Besucher – und die Akustik ist unübertrefflich.

Carnegie Hall

Trotz der Namensverwandtschaft hat **Carnegie Deli** (amerikanisch, ○○) an der 854 7th Avenue nichts mit der Carnegie Hall zu tun. Gleichwohl ist das Restaurant eine Berühmtheit, nicht erst, seit es in Woody Allens Film »Broadway Danny Rose« eine wichtige Rolle spielte. Als Spezialität des Lokals gelten Pastrami und Corned Beef. Die Portionen sind riesig. Vielleicht sollte man also noch einen kleinen Verdauungsspaziergang anschließen, bevor man sich in den U-Bahn-Sitz fallen lässt.

Touren im Anschluss: 15, 17, 19, 22

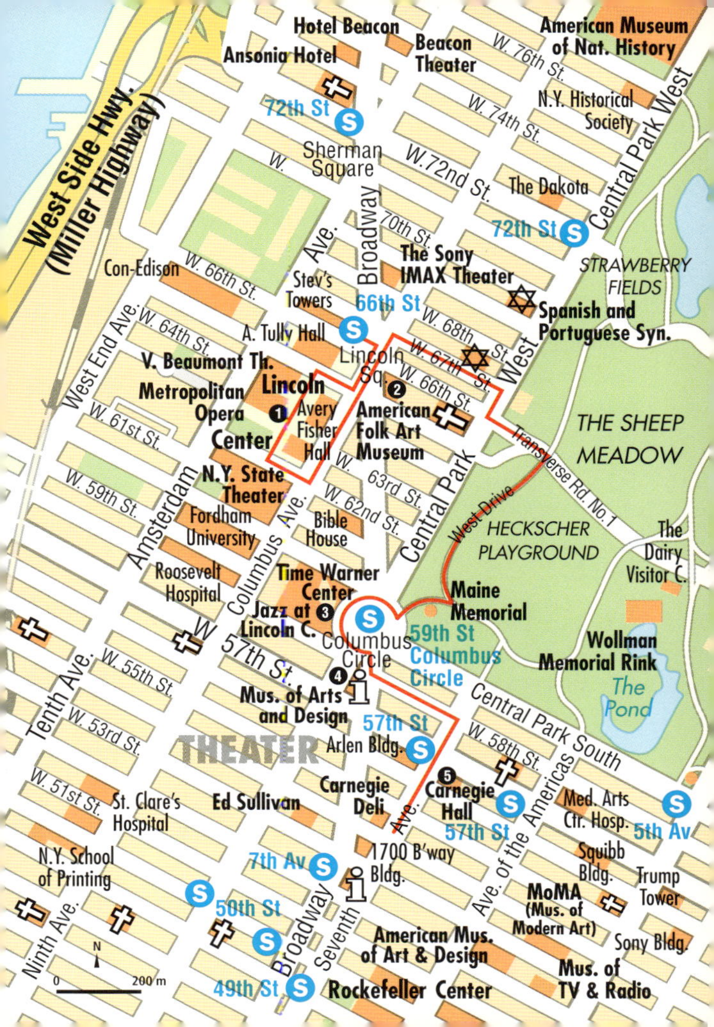

Hotel Beacon
Ansonia Hotel
Beacon Theater
American Museum of Nat. History
W. 76th St.
72th St
N.Y. Historical Society
W. 74th St.
Sherman Square
W.
W.72nd St.
The Dakota
Central Park West
West Side Hwy. (Miller Highway)
72th St
Broadway
70th St.
Ave.
The Sony IMAX Theater
STRAWBERRY FIELDS
Con-Edison
W. 66th St.
Stev's Towers
66th St
W. 68th St.
Spanish and Portuguese Syn.
West End Ave.
W. 64th St.
A. Tully Hall
Lincoln Sq.
W. 67th St.
West
V. Beaumont Th.
Lincoln
W. 66th St.
Metropolitan Opera
Center
Avery Fisher Hall
American Folk Art Museum
THE SHEEP MEADOW
W. 61st St.
W. 63rd St.
Central Park
Transverse Rd. No.1
N.Y. State Theater
W. 59th St.
Amsterdam
Fordham University
Ave.
W. 62nd St.
Bible House
West Drive
HECKSCHER PLAYGROUND
The Dairy Visitor C.
Roosevelt Hospital
Columbus
Time Warner Center
Maine Memorial
Jazz at Lincoln C.
Columbus Circle
59th St Columbus Circle
Wollman Memorial Rink
W 57th St.
Tenth Ave.
W. 55th St.
Mus. of Arts and Design
Central Park South
The Pond
W. 53rd St.
57th St
THEATER
Arlen Bldg.
W. 58th St.
W. 51st St.
St. Clare's Hospital
Ed Sullivan
Carnegie Deli
Ave.
Carnegie Hall
57th St
Ave. of the Americas
Med. Arts Ctr. Hosp.
5th Av
N.Y. School of Printing
7th Av
1700 B'way Bldg.
Squibb Bldg.
Trump Tower
50th St
MoMA (Mus. of Modern Art)
Ninth Ave.
Broadway
Seventh
American Mus. of Art & Design
Sony Bldg.
N
0
200 m
49th St
Rockefeller Center
Mus. of TV & Radio

Tour 22

Meisterwerk in Grün: Der Central Park

lang

Strawberry Fields → Mall → Bethesda Terrace → Wagners Cove → Shakespeare Garden → Delacorte Theater → Belvedere Castle → American Museum of Natural History

In New York muss alles ein bisschen größer sein. Das gilt auch für den Central Park, die grüne Lunge der Stadt. Wer die Riesenanlage erkunden will, braucht dafür mindestens einen Tag, kann hier theoretisch aber auch einen kompletten Kurzurlaub verbringen. Ein ausgedehnter Besuch im American Museum of Natural History ist da noch nicht einmal eingerechnet.

Start: Ⓢ 72nd St. (Train B, C)
Ziel: Ⓢ 81st St. – Museum of Natural History (Train B, C)
Wann: tagsüber

Es war ein trauriger Anlass, der dazu führte, dass ein 10 000 m² großes Stück des Central Park in Höhe der 72th Street den Namen **Strawberry Fields** ❶ bekam: die Ermordung John Lennons 1980 in unmittelbarer Nähe. Kernpunkt des in Form einer Träne angelegten Gartens ist ein Mosaik mit dem Wort »Imagine« im Zentrum. Nach dem besinnlichen Auftakt heißt es: »Willkommen im Central Park«. Trotz astronomischer Grundstückspreise leisten sich die New Yorker den Luxus, zwischen den Wolkenkratzern eine Grünfläche in der Größe eines Stadtteils freizuhalten. Fast unnötig zu erwähnen, dass das Vorhaben, den Park anzule-

»Imagine«

gen, heftig umstritten war. Beim Wettbewerb für die Gestaltung setzte sich 1857 das Konzept von Frederick Law Olmsted und Calvert Vaux durch, das ein Ensemble unterschiedlich gestalteter Landschaftsparks vorsah. Deshalb erwarten den Besucher heute buchstäblich an jeder Ecke neue Eindrücke.

Um die meistgefilmte Sektion des Central Park zu erreichen, heißt es Anlauf nehmen: Der Weg führt von Strawberry Fields zunächst nach Süden und dann auf Höhe der West 66th Street nach Osten bis zur **Mall** ❷. Sehen und Gesehenwerden lautete und lautet das Motto auf der 13 m breiten Promenade. Leicht kann man sich vorstellen, wie hier früher mit Sonnenschirmen bewehrte Damen flanierten. Heute teilen sich Jogger, Skater, Hundesitter und Straßenmusiker das Terrain. Die Mall steuert geradewegs auf die **Bethesda Terrace** ❸ zu. Mit dem **Bethesda Fountain** auf der unteren Ebene gehörte sie ebenso wie die Promenade zu den Höhepunkten im planerischen Konzept für den Central Park. Der Sauberkeit des Wassers huldigt die im Brunnen stehende Engelsstatue und trägt deshalb eine Lilie als Symbol der Reinheit in der Hand.

Bethesda Fountain

Wagners Cove ❹, ein verborgen liegendes idyllisches Fleckchen, ist am besten über eine Steintreppe an der Cherry Hill Plaza zu erreichen. Die **Bow Bridge** ❺ mit ihren 18 m Spannweite führt über den zentralen künstlichen See **The Lake** und verbindet den kirschbaumbestandenen Cherry Hill mit dem dicht bewachsenen Waldgebiet **The Ramble** ❻, wo man sich leicht verlaufen

Bow Bridge

kann. Zum Essen im **Boathouse** (amerikanisch, ○○○) gibt es einen romantischen Ausblick auf den See und die Stadt gratis. Für den kleineren Hunger (und den kleineren Geldbeutel) empfiehlt sich das benachbarte Boathouse Café.

Der **Shakespeare Garden** ❼ wurde 1916 angelegt. Auf dem gewundenen Pfad kommt man immer wieder an Bronzetafeln mit Zeilen aus dem Werk des Dichters vorbei. Die Freilichtbühne **Delacorte Theater** ❽ nimmt das Thema Shakespeare auf und zeigt im Sommer unter dem Motto »Shakespeare in the Park« Stücke des Künstlers. Im viktorianischen **Belvedere Castle** ❾ von Olmsted und Vaux ist heute das Henry Luce Nature Observatory untergebracht. Hier werden Kinder spielerisch mit den ökologischen Zusammenhängen im Park vertraut gemacht.

M. of Natural History

Die Ausdehnung des **American Museum of Natural History** ❿ (Eingang Central Park W. Höhe W. 79th St., tgl. geöffnet) ist gigantisch. Zwischen Columbus Avenue und Central Park Drive nimmt der Komplex gleich vier Häuserblocks ein. Gezeigt werden Exponate aus den Bereichen Naturgeschichte, Anthropologie und Ethnologie, darunter Dinosaurier- und Walskelette, zahlreiche Dioramen und der größte geschliffene Edelstein der Welt. Gleich nebenan befindet sich das **Rose Center for Earth and Space** (Eingang W. 81st St.), ein lichter gläserner Kubus, in dem die Kugel des Hayden Planetariums zu schweben scheint. Die filmischen Space Shows zur Geschichte der Erde und des Universums kommentieren Schauspieler wie Tom Hanks, Harrison Ford oder Jodie Foster.

Touren im Anschluss: 19, 20, 21, 23

Children's Museum of Manhattan
Edgar Allan Poe St.
W. 83rd St.
Amsterdam Ave.
Columbus Ave.
(W. 84th St.)
86th St
0
200 m
N
Congregation Rodeph Sholom
79th St
Broadway
West End Ave.
W. 81st St.
W. 79th St.
W. 78th St.
Rose Center for Earth and Space
81st St-Museum of Natural History
THE GREAT LAWN
Hotel Beacon
Beacon Theater
W. 76th St.
American Museum of Natural History
10
Delacorte Theater
Belvedere Castle
Shakespeare Garden
Ansonia Hotel
N.Y. Historical Society
Central Park West
Turtle Pond
Transverse Rd. No.2
72nd St
Sherman Square
W. 72nd St.
Columbus Ave.
W. 74th St.
West Drive
CENTRAL
THE RAMBLE
W. 71st St.
The Dakota
Bow Bridge
The Lake
The Sony IMAX Theater
72nd St
Spanish and Portuguese Syn.
STRAWBERRY FIELDS
Boathouse
Stev's Towers
66th St
W. 69th St.
Bethesda Fount.
Bethesda Terrace
Wagner's Cove
Statue of H. Ch. Andersen
Lincoln Sq.
W. 67th St.
Conservatory Pond
Lincoln Center
Mus. of American Folk Art
THE SHEEP MEADOW
PARK
Frick Art Reference Library
Bridle Path
Transverse Rd. No.1
The Mall
N.Y. State Theater
Frick Collection
Central Park
West Drive
HECKSCHER PLAYGROUND
Center for Inter-American Relations
Centre Drive
The Dairy Visitor Center
Children's Zoo
Time Warner Center
Maine Memorial
Fifth Ave.
Temple Emanu-El
Columbus Circle
59th St Columbus Circle
Wollman Memorial Rink
Zoo
S.D. Roosevelt Mem. House
The Pond

Tour 23

Upper West Side: Bohemians am Broadway

kurz

Dakota Building → Majestic → San Remo → Ansonia → First Baptist Church in the City of New York → Zabar's → Children's Museum of Manhattan

»Der Geist wohnt im Westen, das Geld im Osten«, heißt ein New Yorker Sprichwort, das den Unterschied zwischen der East und der West Side beschreibt. Heute ist die Upper West Side eine der teuersten Wohngegenden der Welt; der Geist, den einst Künstler wie Gertrude Stein, Anaïs Nin und Edgar Allen Poe verkörperten, lässt sich jedoch immer noch erahnen.

Start: Ⓢ 72nd St. (Train B, C)
Ziel: Ⓢ 86th St. (Train 1)
Wann: tagsüber

»Ich habe die traurige Aufgabe, Ihnen mitzuteilen, dass John Lennon heute Nacht gestorben ist«, sagte ein um Worte ringender Radiomoderator am 8. Dezember 1980. Das Attentat Mark David Chapmans verhalf dem **Dakota Building ❶** (1 W. 72nd St.), vor dessen Tür John Lennon erschossen wurde, zu neuer trauriger Berühmtheit. Das um einen großen Atriumhof herum erbaute Apartmenthaus war in den 80er-Jahren des 19. Jhs. der erste Versuch, Mietern das Gebiet westlich des Central Park schmackhaft zu machen. Die New Yorker rümpften über den neogotischen Bau aber die Nase. So weit ab vom Schuss, da könne man

Dakota Building

ja gleich in die fernen Dakotas ziehen – und schon hatte das Dakota seinen Spitznamen weg. Die Vorbehalte gegenüber der Lage und der neuen Wohnform in Apartments schwanden jedoch schnell. Zu den prominenten Bewohnern des Dakota gehörten Lauren Bacall, Judy Garland, Boris Karloff, Rudolf Nurejew und Leonard Bernstein.

Der Erfolg des Dakota rief Nachahmer auf den Plan. Heute ist die Upper West Side deshalb eine Ansammlung von Apartmenthäusern mit teilweise simplen Bezeichnungen voller Understatement, teilweise klangvollen Namen wie etwa dem **Majestic** (115 Central Park W.) südlich vom Dakota, einem prächtigen Art-déco-Bau. Das revolutionäre Konzept des **San Remo** (145/146 Central Park W.) sorgte 1929 für Aufsehen. Das Gebäude wurde nicht als monolithischer Block in die Höhe gezogen. Stattdessen wurden der 17-stöckigen Basis kathedralenartige Zwillingstürme aufgesetzt. Die Idee kam so gut an, dass umgehend drei weitere Apartmenthäuser im gleichen Stil hochgezogen wurden: das Century (25 Central Park W.), das Majestic und das El Dorado (300 Central Park W.).

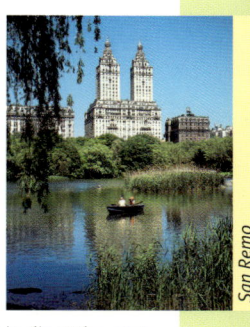

San Remo

Das **Ansonia** ❷ am Broadway (Nr. 2109) ist ein weiterer jener Prachtbauten, in denen man gerne wohnen würde. Wegen seiner guten Schallisolierung mieteten sich in dem ehemaligen Hotel gern Musiker ein, so Enrico Caruso, Arturo Toscanini und Igor Strawinsky. **Citarella** (2135 Broadway) zeigt, was bei den wohlhabenden Bewohnern der Upper West Side auf die Teller kommt. Das Feinkostgeschäft führt laut Eigenwerbung das frischeste und beste Seafood, das es in New York zu kaufen gibt.

Aber auch Freunde von Gänsestopfleber und frisch gemachter Pasta kommen auf ihre Kosten. Das im Obergeschoss eines Supermarktes untergebrachte **Steakhouse at Fairway** (2127 Broadway, amerikanisch, ○○) ist die Alternative zu Citarella, wenn man im Hotelzimmer nicht über eine Kochnische verfügt.

Auf dem Weg den Broadway hinauf weiß man kaum, wohin man zuerst schauen soll. Die zahlreichen Apartmenthäuser legen den Verdacht nahe, dass auf dem Luxusimmobilien-Markt die Nachfrage immer noch riesig sein muss. Für New Yorker Verhältnisse steinalt ist die Kirchengemeinde der **First Baptist Church in the City of New York ❸**, die 1745 gegründet wurde. Ihr heutiges Gotteshaus mit den markanten, ungleich hohen Türmen entstand 1891.

Eine New Yorker Institution ist der Feinkost-Tempel **Zabar's ❹** (2245 Broadway). Über die Upper West Side hinaus gerühmt werden die köstlichen Bagels, die fantastische Käseauswahl und der Räucherfisch. Zabar's erfüllt für die Einheimischen die Funktion eines Stadtteil-Treffpunkts, weswegen auch die Filmemacher den Laden für sich entdeckt haben (»E-Mail für Dich«).

Die wechselnden Ausstellungen im **Children's Museum of Manhattan ❺** (212 W. 83rd St.) haben eine enorme Spannweite, die von der Kunst Chagalls bis zu einer Reise durch den menschlichen Körper reicht – eine willkommene Abwechslung nach dieser architekturlastigen Tour.

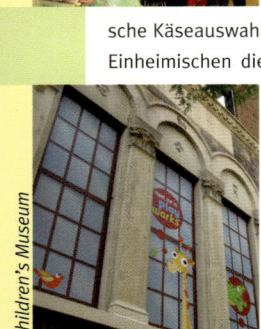

Zabar's

Children's Museum

Touren im Anschluss: 21, 22

Hudson River
Soldiers and Sailors Monument
96th St
W. 96th St.
W. 94th St.
West End Ave.
Amsterdam Ave.
UPPER WEST SIDE
(W. 90th St.)
Henry J.Browne Blvd.
W. 92nd St.
Riverside Dr.
86th St
W. 88th St.
W. 86th St.
West End Ave.
Broadway
Edgar Allan Poe St.
86th St
Columbus Ave.
Zabar's
4
5
Children's Museum of Manhattan
W. 83rd St.
(W. 84th St.)
First Baptist Church in the City of New York
3
W. 81st St.
Congregation Rodeph Sholom
79th St
Amsterdam Ave.
W.79th St.
Rose Center for Earth and Space
81st St-Mus. of Nat. History
Riverside Dr.
Steakhouse at Fairway
Hotel Beacon
American Museum of Natural History
Citarella
W. 77th St.
Beacon Theater
Ansonia
2
W. 75th St.
N.Y. Historical Society
Central Park West
W. 74th St.
72nd St
W.73rd St.
San Remo
W.
W.
Sherman Square
W.72nd St.
West End Ave.
71st St.
The Dakota
1
Broadway
70th St.
72nd St
The Lake
The Sony IMAX Theater
Majestic
STRAWBERRY FIELDS
N
Stev's Towers
0
200 m
66th St
Spanish and Portuguese Syn.
Bethesda Fountain

Tour 24

Morningside Heights

mittel

Cathedral of St. John the Divine → Columbia University → Riverside Church → Riverside Park → General Grant National Monument → Nicholas Roerich Museum

Die New Yorker Spitznamen-Erfinder haben sich bei Morningside Heights selbst übertroffen. Das Viertel ist, vielleicht wegen seiner erhöhten Lage, als »Academic Acropolis« bekannt, außerdem als »Acropolis of New York«, »White Harlem« oder »South Harlem« (SoHa). Welcher der Titel passt, findet man bei einer Tour durch den Stadtteil am besten selbst heraus.

Start: Ⓢ 110th St. – Cathedral Parkway (Train B, C)
Ziel: Ⓢ Cathedral Parkway (110th St.) (Train 1)
Wann: tagsüber

Die Tour beginnt mit einem weiteren New Yorker Superlativ: Sollte sie jemals fertig werden, wäre die **Cathedral of St. John the Divine** ❶ die größte gotische Kathedrale der Welt. Bis zu diesem Zeitpunkt ist sie eben die größte unfertige Kathedrale auf dem Globus. Weit mehr als 100 Jahre nach Baubeginn versucht man immer noch, Geld für die Komplettierung der Kirche aufzutreiben, während an anderer Stelle schon renoviert werden muss. Weil sich die Bauherren nicht auf einen Stil einigen konnten, weist die Kathedrale einen Mix unterschiedlicher Bauformen auf. Der ursprüngliche Entwurf war byzantinisch, später

St. John the Divine

wurde im gotischen Stil weitergebaut. Die episkopalische Kirchengemeinde engagiert sich in sozialen Fragen und fördert auch die Kunst. Ein Kuriosum: Jeweils am Namenstag des hl. Franziskus im Oktober wird eine Tiermesse gehalten.

Der Weg führt nun über die W. 112th Street weiter nach Westen bis zum Broadway. **Tom's Restaurant** ❷ (s. Restaurants, S. 137) lässt Touristen hektisch nach ihren Fotoapparaten kramen. Viele Folgen der Sitcom »Seinfeld« wurden hier gedreht. Berühmtheit erlangte das Diner auch durch Suzanne Vegas gleichnamigen Song. Wer in Tom's Restaurant keinen Platz bekommt, hat in diesem Abschnitt des Broadway – die Ausgehzone eines Studentenviertels – immer Alternativen, etwa das **Campo** (2888 Broadway, italienisch, ○○) fast direkt nebenan.

Die private **Columbia University** wurde 1754, noch unter englischer Herrschaft, als King's College gegründet. 22 000 Studenten bereiten sich hier darauf vor, später zur Elite der USA zu gehören. Mehr Abgänger von der Columbia als von jeder anderen Lehranstalt sind mit Nobelpreisen ausgezeichnet worden, gleichzeitig verleiht die Hochschule den begehrten Pulitzer-Preis. Die klassizistischen Gebäude auf dem Campus, allen voran die **Columbia University Library** ❸, stehen im Kontrast zu Erweiterungen wie der dekonstruktivistischen **Alfred Lerner Hall** ❹. Der Haupteingang zum Campus befindet sich am Broadway auf Höhe der W. 116th Street, das Visitor Center in Gebäude 213 der Low Library.

Wer bei St. John the Divine auf den Geschmack gekommen ist, dem wird am Riverside Drive Höhe W. 120th Street mit der **Riverside Church** ❺ eine weitere Großkir-

Riverside Church

che präsentiert. Das neogotische Gebäude wurde der Kathedrale von Chartres nachempfunden. Sozusagen vor der Tür: der vom Central-Park-Architekten Olmsted geplante **Riverside Park,** der sich von der 72nd bis zur W. 158th Street am Wasser entlang erstreckt. Nördlich der Riverside Church ragt das **General Grant National Monument ❻** auf, ein imposantes Mausoleum. Es birgt den Sarkophag von Ulysses Grant, der im Bürgerkrieg die Nordstaaten zum Sieg führte und später zum 18. Präsidenten der USA gewählt wurde. Auch seine Frau Julia Dent Grant ist hier bestattet. Der Architekt des Baus, John Duncan, orientierte sich an antiken Vorbildern wie dem Mausoleum von Halikarnassos, einem der sieben antiken Weltwunder.

Am Rande des Riverside Parks entlang geht es nun in Richtung Süden; dabei fallen am Riverside Drive immer wieder prächtige Apartmenthäuser ins Auge, wie das mit einem prächtigen Beaux-Arts-Portal versehene Haus Nr. 380. An der W. 107th Street widmet sich das **Nicholas Roerich Museum ❼** (Nr. 319, Mo geschl.) dem russischen Maler Nikolai Konstantinovich Rerikh (1874–1947). Rerikh oder Roerich, der sich auch als Bühnenbildner und Schriftsteller einen Namen machte, konzentrierte sich bei seinen Bildern auf drei große Themenkomplexe, die frühe russische Geschichte, Buddhismus und Esoterik sowie das moderne Russland. Besonders die Landschaftsmalereien entfalten einen eigentümlichen Zauber.

Tour im Anschluss: 25

N
0
200 m
Hudson River
Hudson Parkway
9A
RIVERSIDE PARK
Riverside Dr.
Riverside Dr. W.
Riverside Dr. E.
125th St
Broadway
(W.125th St.)
Lasalle St.
General Grant National Monument (Grant's Tomb)
6
5
Riverside Church
Union Theological Seminary
R. Niebuhr Pl.
Jewish Theological Seminary
Teacher's College
Claremont Ave.
Broadway
Barnard College
W. 120th St.
Ave.
116th St
Columbia Univ.
3
Columbia Univ. Library
W. 118th St.
4
Alfred Lerner Hall
Columbia University
Amsterdam
Morningside Dr.
MORNINGSIDE PARK
Morningside Ave.
Manhattan Ave.
W. 115th St.
2
Tom's Restaurant
W. 114th St.
W. 113th St.
W. 112th St.
Woman's Hosp.
St. Luke Hosp.
116th St
Cathedral Pkwy
Nicholas Roerich Museum
7
W. 111th St.
Cathedral
Pkwy.
W. 109th St.
1
Cathedral of St. John the Divine
Frederick Douglass Blvd.
Cathedral Pkwy
Fr. Douglas Circus
Duke Ellington Blvd. (W. 106th St.)
W. 107th St.
Ave.
Jewish Hospital
W. 109th St.
W. 107th St.
103th St
West End Ave.
Broadway
Amsterdam
W. 105th St.
Columbus Ave.
Central Park West
Block House

Tour 25

Harlem: Black Power, Jazz und Gospels

mittel

Apollo Theater → Studio Museum in Harlem → Lenox Lounge → Mount Morris Park Historic District → Marcus Garvey Park → Arthur Schomburg Center → Abyssinian Baptist Church → Strivers' Row

Früher war Harlem für Touristen eine No-Go-Area. Das hat sich geändert – heute ist das Gebiet ein New Yorker Stadtteil wie jeder andere. Umfangreiche Neubauprojekte und Sanierungen trugen dazu bei, dass sich der Wert von Häusern in Central Harlem in kurzer Zeit verdreifachte. Gleichzeitig wurde die Kriminalität erfolgreich bekämpft.

Start: Ⓢ 125th St. (Train A, B, C, D)
Ziel: Ⓢ 135th St. (Train 2, 3)
Wann: tagsüber, für Gospelgottesdienste sonntags

Das Selbstbewusstsein der Bewohner von Harlem zeigt sich in der Benennung der Straßen. Die W. 125th Street heißt hier Martin Luther King Jr. Avenue, die 7th Avenue Adam Clayton Powell Jr. Boulevard und die Lenox Avenue Malcolm X Boulevard. Genährt wird dieser Stolz u. a. durch die kulturelle Blüte, die das Viertel in den 1920er-Jahren erlebte, die sog. Harlem-Renaissance. Im **Apollo Theater** ❶ an der W. 125th Street nahm damals manche große Karriere ihren Anfang. Der Wunsch, wie die Apollo-Legenden Billie Holiday, Duke Ellington oder Ella Fitzgerald einmal ganz groß herauszukommen, treibt seit 1934 jeden

Apollo Theater

Mittwoch die Teilnehmer der Amateur Night an, bei der es stets laut und spaßig, aber nicht immer künstlerisch wertvoll zugeht.

M. L. King Jr. Avenue

Eine Harlem-Ikone ist auch das frühere **Hotel Theresa** ❷ an der Ecke Martin Luther King Jr. Avenue/Adam Clayton Powell Jr. Boulevard. Der Bau aus dem Jahr 1913 mit seiner weißen Ziegelfassade war 60 Jahre lang der höchste in Harlem. 1960 wohnte hier Fidel Castro, den kein anderes New Yorker Hotel aufnehmen wollte. Malcolm X leitete vom Hotel Theresa aus die »Organisation für die afroamerikanische Einheit«.

Das **Studio Museum in Harlem** ❸ (Mo, Di, Mi geschl.) zeigt in wechselnden Ausstellungen Werke schwarzer Künstler. Zu seinen größten Schätzen gehört das fotografische Werk James Van Der Zees (1886–1983), der mit seiner Kamera die Harlem-Renaissance dokumentierte. Viele mit dieser Bewegung verbundene Lokale sind heute fest in touristischer Hand. Anders ist das in der **Lenox Lounge** ❹ (s. Nightlife, S. 147), wo man auch Einheimische antrifft. Ins Gästebuch trugen sich Berühmtheiten wie Billie Holiday, Miles Davis und John Coltrane ein.

In eine andere Zeit wird man im **Mount Morris Park Historic District** ❺ versetzt, der sich zwischen W. 119th und W. 124th Streets erstreckt. Die viktorianischen Reihenhäuser aus dem späten 19. Jh. zeigen alle Stile der Zeit von Romanesque Revival bis Queen Anne. Ein besonders schönes Beispiel ist das Haus Nr. 4 in der W. 123th Street. Im **Marcus Garvey Park** ❻ steht auf einer Anhöhe der gusseiserne Harlem Fire Watchtower, der letzte von elf Feuerwachtürmen in New York. An der Westseite des Parks in Höhe der W. 122nd Street befindet sich ein Amphitheater, außerdem gibt es im Norden einen öffentlichen Pool.

Von der Nordseite des Parks geht es über 5th Avenue und W. 125th Street in den Malcolm X Boulevard. Hier führt kein Weg an **Sylvia's Restaurant** ❼ (s. Restaurants, S. 137) vorbei. Im östlich des Boulevards gelegenen Teil der W. 130th Street blieb mit den **Astor Row Houses** ein weiteres Ensemble von Wohnhäusern des 19. Jhs. erhalten. Beim **Arthur Schomburg Center for Research in Black Culture** ❽ (Eingang W. 135th St., So geschl.) handelt es sich um eine Forschungsstätte, die sich mit der afroamerikanischen Geschichte und Kultur beschäftigt.

Abyssinian Baptist Church

Das Klischee vom Harlemite, der sich herausgeputzt zum Gospel-Gottesdienst aufmacht, trifft immer noch zu, wie sich nicht nur vor der **Abyssinian Baptist Church** ❾ (132 W. 138th St.) bestätigt. Das im neogotischen Stil errichtete Gotteshaus ist die berühmteste der 400 Kirchen in Harlem. Die sonntäglichen Gospelmessen sind ein Erlebnis, ziehen aber inzwischen Heerscharen von Touristen an – für den ersten Gottesdienst um 9 Uhr sollte man mindestens 30 Minuten früher an der Abyssinian eintreffen, für den 11-Uhr-Gottesdienst eine Stunde. Zum Abschluss der Tour bietet sich ein Spaziergang über die **Strivers' Row** ❿ an, liebevoll restaurierte Brownstone-Häuser aus dem 19. Jh. im Block zwischen 138th und 139th Street. Die Anwesen, in denen sich einst die erfolgreichen Afroamerikaner (*striver* = Streber) niederließen, gelten heute als Juwele Harlems.

Strivers' Row

Touren im Anschluss: 24, 26

Harlem Map

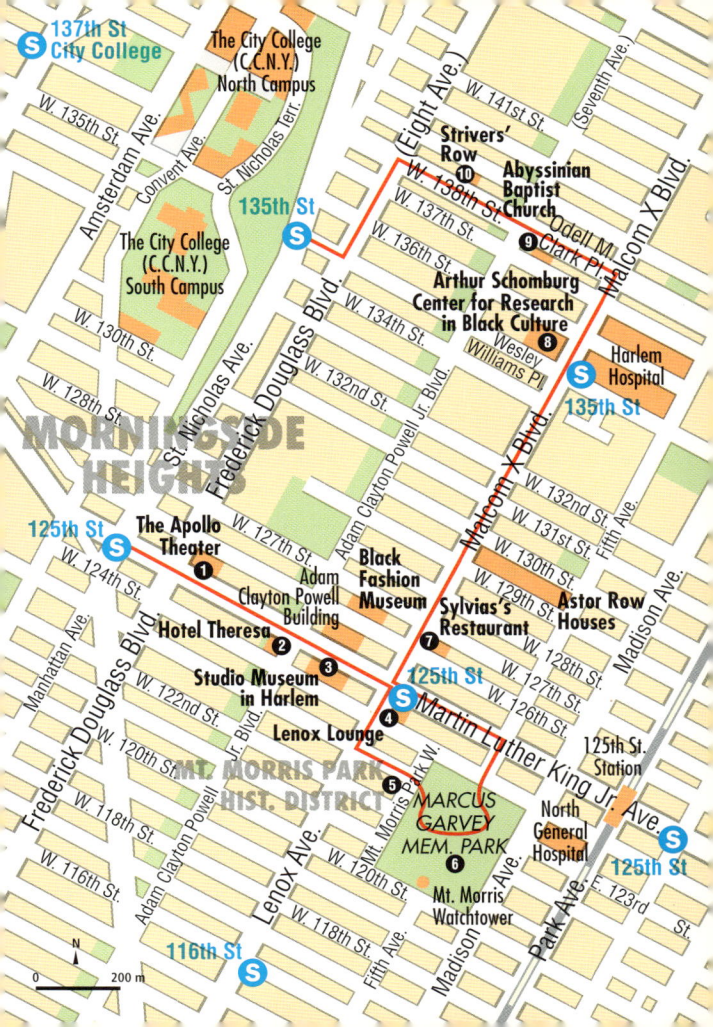

Streets and Avenues:
- W. 141st St.
- W. 138th St.
- W. 137th St.
- W. 136th St.
- W. 135th St.
- W. 134th St.
- W. 132nd St.
- W. 131st St.
- W. 130th St.
- W. 129th St.
- W. 128th St.
- W. 127th St.
- W. 126th St.
- W. 125th St.
- W. 124th St.
- W. 122nd St.
- W. 120th St.
- W. 118th St.
- W. 116th St.
- E. 123rd
- Amsterdam Ave.
- Convent Ave.
- St. Nicholas Terr.
- St. Nicholas Ave.
- (Eight Ave.)
- Frederick Douglass Blvd.
- Adam Clayton Powell Jr. Blvd.
- Malcolm X Blvd.
- Lenox Ave.
- Fifth Ave.
- Madison Ave.
- Park Ave.
- Seventh Ave.
- Martin Luther King Jr. Ave.
- Mt. Morris Park W.
- Manhattan Ave.
- Odell M. Clark Pl.
- Wesley Williams Pl.

Subway Stations (S):
- 137th St / City College
- 135th St
- 135th St
- 125th St
- 125th St
- 125th St
- 116th St

Points of Interest:
- The City College (C.C.N.Y.) North Campus
- The City College (C.C.N.Y.) South Campus
- Strivers' Row — 10
- Abyssinian Baptist Church
- Arthur Schomburg Center for Research in Black Culture — 8
- Harlem Hospital
- 9 (Odell M. Clark Pl.)
- 1 The Apollo Theater
- 2 Hotel Theresa
- 3 Studio Museum in Harlem
- Black Fashion Museum
- 7 Sylvia's Restaurant
- Astor Row Houses
- Adam Clayton Powell Building
- Lenox Lounge
- 4
- 5
- 6 Marcus Garvey Mem. Park
- Mt. Morris Watchtower
- North General Hospital
- 125th St. Station

Areas:
- MORNINGSIDE HEIGHTS
- MT. MORRIS PARK HIST. DISTRICT

N
0 — 200 m

Tour 26

Nord-Harlem: Reise in die Vergangenheit

lang

Morris-Jumel Mansion → Sylvan Terrace → Audubon Terrace → Trinity Cemetery → Church of the Intercession → Hamilton Heights

Die Insel Manhattan wurde von Süden nach Norden besiedelt, daher sollte man eigentlich nicht erwarten, einige der ältesten Straßenzüge und das älteste erhaltene Haus überhaupt weit im Norden zu finden. Doch dies ist nicht die einzige Überraschung auf dieser Tour, die fernab vom Glamour etwa der Fifth Avenue sozusagen ins wahre Leben der New Yorker führt.

Start: Ⓢ 163rd St./Amsterdam Ave. (Train C)
Ziel: Ⓢ 145th St. (Train 1)
Wann: tagsüber

Kirchen, überall Kirchen. Ob große Gotteshäuser, umgebaute Garagen, ehemalige winzige Geschäfte – ein Platz zum Beten in der Gemeinschaft findet sich immer. Auch auf dem Weg die W. 163rd Street entlang nach Osten fragt man sich, ob es wirklich nur 400 Kirchen in Harlem gibt. Die W. 163rd Street findet ihr Ende an der Edgecombe Avenue, die es in Richtung Süden entlangzugehen gilt. Über die W. 162nd Street gelangt man dann zur Jumel Terrace – mit Zugang zum **Roger Morris Park,** New Yorks höchster Erhebung. Inmitten der Anlage steht **Morris-Jumel Mansion ❶** (Mo, Di geschl.), ein prächtiges

Morris-Jumel Mansion

Anwesen im Kolonialstil. New Yorks ältestes erhaltenes Gebäude wurde 1765 als Sommerhaus des britischen Colonel Roger Morris errichtet. Bei Ausbruch des Unabhängigkeitskrieges begab sich der Royalist Morris zurück nach England, »Nachmieter« war George Washington, der hier das Hauptquartier der US-Truppen installierte. 1810 erwarben der französische Kaufmann Stephen Jumel und seine Frau Eliza das Gebäude und richteten es im Empirestil ein – im Museum sind Teile des Interieurs im Original zu sehen.

Obwohl Harlem Heights in der Gesamtheit keine Wohngegend für Betuchte darstellt, gibt es Ausnahmen. Die schönste ist **Sylvan Terrace** ❷, Bestandteil des Jumel Terrace Historic District. An der kleinen Verbindungsstraße zwischen Jumel Terrace und St. Nicholas Avenue reihen sich 20 schmucke Holzhäuser. In den 1882 errichteten Gebäuden soll manchen Quellen zufolge die Dienerschaft des Morris-Jumel Mansion gelebt haben.

Sylvan Terrace

Über St. Nicholas Avenue und W. 160th Street geht es nun weiter zum Broadway. Obwohl es sich um den gleichen Broadway handelt, an dem in Höhe des Times Square nachts die Lichter um die Wette glänzen, ist hier das Ambiente ein völlig anderes. Billigläden und Fastfood-Imbisse prägen das Bild. Dann sticht auf Höhe der W. 155th Street plötzlich ein Komplex neoklassizistischer Gebäude ins Auge: Architekt Charles P. Huntington zeichnete für den ersten der Monumentalbauten von **Audubon Terrace** ❸ verantwortlich. Später gesellten sich dann berühmte Kollegen wie Cass Gilbert hinzu. Seinen Namen hat das Ensemble von dem Vogelforscher und Zeichner John James Audubon, auf dessen Grundstück der Komplex errichtet wurde.

Heute sind im Audubon Terrace Historic District die **American Academy of Arts and Letters,** Teile der **American Numismatic Society** und die **Hispanic Society of America** (Mo geschl.) zu finden. Letztere unterhält ein sehenswertes Museum zur Kultur der spanisch sprechenden Völker.

John James Audubon wurde auf dem **Trinity Cemetery** ❹ begraben, einem riesigen Friedhof zwischen der W. 155th und W. 153rd Street. Viele berühmte New Yorker fanden hier ihre letzte Ruhe – darunter Eliza Jumel sowie Mitglieder der Familien Astor und Schermerhorn. Auf dem Friedhofsgelände erhebt sich die **Church of the Intercession** ❺. Das monumentale Gotteshaus wurde 1911–14 im Stil der englischen Gotik erbaut. Zur Kirche gehört eines der wenigen noch von Mönchen bewohnten Klöster in den Vereinigten Staaten.

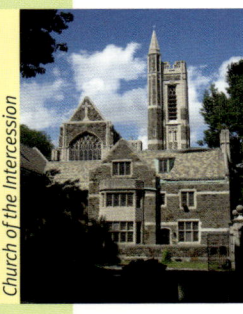

Church of the Intercession

Für Fußmüde bietet sich nun der direkte Weg den Broadway entlang zur ⓢ W. 145th Street an. Ein kleiner Umweg führt nicht nur an einem netten Restaurant vorbei, dem **Acapulco** (3508 Broadway, mexikanisch, ◯), sondern mit einem kurzen Schlenker auch durch den Bezirk **Hamilton Heights** ❻ mit seinen schönen historischen Straßenzügen. In den schmucken Reihenhäusern wohnten einst Schwarze, die »es geschafft« hatten, wie Count Basie und der Boxer Sugar Ray Orbison. Heute gehören sie zu Manhattans gefragtesten Immobilien.

Hamilton Heights

Touren im Anschluss: 24, 25

N
0
200 m
9A
RIVERSIDE
RECREATIONAL
AREA
Riverside Dr.
W. 158th St.
157th St
Audubon Terrace 3
4 TRINITY CEMETERY
Church of the Intercession 5
W. 155th St.
Fort Washington Ave.
Broadway
W. 163rd St.
163rd St Amsterd. Av
W. 161st St.
W. 160th St.
Sylvan Terrace 2
Jumel Terr.
W. 165th St.
Edgecomb Ave.
1 Morris-Jumel Mansion Nat. Hist. Landmark
W. 159th St.
W. 158th St.
W. 157th St.
W. 156th St.
Amsterdam Ave.
St. Nicholas Ave.
Harlem River Dr.
Site of Polo Grounds Stadium
155th St
W. 153rd St.
W. 152nd St.
W. 151st St.
W. 150th St.
W. 149th St.
W. 148th St.
W. 147th St.
W. 146th
155th St
W. 154th St.
JACKIE ROBINSON PARK
Macombs Pl.
(Eight Ave.)
Bradhurst Ave.
Blvd.
W. 150th St.
W. 148th St.
(Seventh Ave.)
Harlem 148th St
145th St
Acapulco
W. 144th St. 6
W. 143rd St.
W. 142nd St.
W. 141st St.
W. 145th St.
HAMILTON HEIGHTS
145th St
Convent Ave.
St. Nicholas Ave.
Hamilton Pl.
Hamilton Grange Nat'l Monument
Aunt Len's Doll & Toy Museum
The City College (C.C.N.Y.) North Campus
Frederick Douglass
W. 146th St.
W. 145th St.
W. 144th St.
Adam Clayton Powell Jr. Blvd.
145th St

Tour 27

Unbekanntes Nord-Manhattan

mittel

Dyckman Farmhouse → Inwood Hill Park → The Cloisters

Manhattan, die Insel der Gegensätze: Während im Süden Grund und Boden die kostbarsten aller Güter zu sein scheinen, kennt Manhattans grüner Norden diese Probleme nicht. Hier gibt es ausreichend Fläche für weitläufige Parks und lockere Bebauung. Und auch von im Schachbrettraster angelegten Straßen scheint man nie etwas gehört zu haben.

Start: Ⓢ 207th St. – Inwood (Train A)
Ziel: Ⓢ Dyckman St. (Train 1)
Wann: tagsüber

Nach New Yorker Zeit-Maßstäben führt diese Tour fast schon in vorgeschichtliche Zeit zurück: Das **Dyckman Farmhouse** ❶ (nur Fr–So) wurde bereits 1784 im holländischen Kolonialstil erbaut. Erstbesitzer William Dyckman besaß zusätzlich zur Farm auch noch Hunderte Hektar Land, allerdings in einer Gegend, die nicht allzu begehrt war. Seit 1916 sind das Farmhaus und der umgebende Garten für die Öffentlichkeit zugänglich. Im Inneren des Gebäudes geben Möbel und Arbeitsgeräte eine Vorstellung vom ländlichen Alltag der damaligen Zeit.

Dyckman Farmhouse

Auf dem weiteren Weg über W. 204th Street, Cooper Street, Academy Street, Seaman Avenue und Beak Street drängt sich der Eindruck auf, als sei dieser nordwestliche Zipfel Manhattans sich selbst überlassen worden – und als seien die Bewohner über diesen Umstand gar nicht einmal so böse. Doch auch diese Gegend hat Superlative zu bieten. Einer davon ist **Inwood Hill Park** ❷, mit seinen fast 800 000 m² Fläche der größte naturbelassene Park in Manhattan. In den verschiedenen Biotopen des hügeligen Geländes fühlen sich zahlreiche Vogelarten wohl, die andernorts selten geworden sind, von der Stockente und dem Fischreiher über den Blauhäher bis zum Rotkardinal. In jüngster Zeit gibt es sogar Bestrebungen, das Wappentier der Vereinigten Staaten, den Weißkopfseeadler, im Park anzusiedeln. Auch in einer weiteren Hinsicht ist der Inwood Hill Park, der durch zahlreiche Rad- und Wanderwege erschlossen ist, bemerkenswert: Hier soll der legendäre Landkauf von Manhattan über die Bühne gegangen sein, bei dem die Holländer den indianischen Ureinwohnern die Insel für ein bisschen Tand abluchsten. Da man in dem Park leicht das Gefühl für Himmelsrichtungen verlieren kann, sollte man bei begrenztem Zeitrahmen nur einen kleinen Abstecher hinein machen. Auch wer ihn am südöstlichen Ende wieder verlässt, bekommt schon einen guten ersten Eindruck von der »Wildnis«.

Bei der Annäherung an die größte Attraktion im Norden Manhattans zeigt sich, dass die New Yorker trotz der Subway auf das Auto als Fortbewegungsmittel Nr. 1 vertrauen. Wer zu Fuß zu **The Cloisters** ❸ (Mo geschl.) gelangen will, muss schon ein bisschen Pfadfindergeist mitbringen. Zunächst führt der Weg über Payson Avenue und Riverside Drive zum

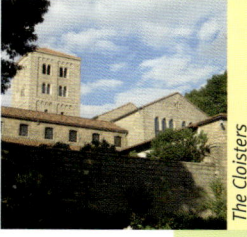

Broadway, wo man im Nordostzipfel des Fort Tryon Parks einen eingezäunten Kinderspielplatz umrundet. Südlich des Spielplatzes führt ein Weg in den Park hinein. Auf diesem geht es – teilweise über Treppenstufen – stetig bergan. Bei den Cloisters angekommen, wird man jedoch für alle Mühen belohnt: Ein eigenartiger Zauber umfängt das Ensemble, bei dessen Anblick man sich ins Mittelalter zurückversetzt fühlt. Was wie aus einem Guss erscheint, wurde aus unterschiedlichen Fragmenten europäischer Klöster zusammengesetzt, die man in Einzelteile zerlegt über den Atlantik verschiffte. Einen Großteil der Sammlung trug der Bildhauer George Grey Barnard zusammen, ihren Transport bezahlte John D. Rockefeller, der auch das Grundstück und die Bauarbeiten finanzierte. The Cloisters beherbergt die mittelalterliche Sammlung des Metropolitan Museum of Art, bestehend aus Skulpturen, Tapisserien, Glasfenstern und Goldschmiedearbeiten. Von der Westterrasse genießt man einen herrlichen Blick über den Hudson River und auf die gegenüberliegenden Palisades.

Dyckman Street

Über weitere teils verschlungene Pfade und Treppenstufen geht es zurück »in die Zivilisation«. Den Broadway erreicht man in Höhe des Dongan Place. Vor dem Einstieg in die U-Bahn an der Station Dyckman St./Nagle Ave. sollte man sich aber vielleicht noch für die Rückfahrt nach Central Manhattan stärken, die je nach Wartezeit auf die U-Bahn bis zu einer halben Stunde dauern kann. Das **809** (112 Dyckman St., karibisch, ○○) serviert karibisch angehauchte Küche mit vielen Grillspezialitäten.

Tour im Anschluss: 26 (per U-Bahn, Train 1)

Hudson River

INWOOD HILL PARK

(9A)

❷

ISHAM PARK

W. 215th St.

Seaman Ave.

Dyckman Farmhouse Museum

Payson Ave.
Seaman Ave.
Cooper St.

❶ **Inwood 207th St** Ⓢ

Henry Hudson Parkway

Riverside Dr.

Dyckman St Ⓢ

Broadway (9)

W. 207th St.

Academy St.
Vermilyea Ave.
W. 204th St.

207th St Ⓢ

FORT

Children's Playgr.

Riverside Drive

The Cloisters ❸

Margaret Corbin Dr.

Dongan Pl.

TRYON

Dyckman St.

Arden St.
Thayer St.
Post Ave.

809 Ⓢ

Nagle Ave.

10th Ave.
W. 204th St.

Jewish Mem. Hosp.

PARK

Ellwood St.

Dyckman St Ⓢ

W. 202nd St.

Academy St.

Nagle Ave.
St.

Sherman Cr.

Fort George Hill

Hillside Ave.

HIGH- BRIDGE

ROBERTO CLEMENTE STATE PARK

St. Elizabeth's Hospital

Broadway

Harlem River Dr.

190th St Ⓢ

GERMAN MEM. PK.

Wadsworth Terr.

W. 192nd St.

Fort George Ave.

PARK

Morris Heights Station

191st St Ⓢ

N

0   200 m

Tour 28

The Bronx

lang

Bronx Park → Bronx Zoo → New York Botanical Garden → Arthur Avenue

Die Bronx ist der einzige New Yorker Stadtteil auf dem Festland und bietet auch sonst noch einige Überraschungen. Wer erwartet hier schon einen Park fast so groß wie der Central Park, einen Weltklassezoo, einen wirklich zauberhaften botanischen Garten und das vermutlich beste italienische Essen in ganz New York?

Start: Bronx Zoo, Gate B (Bus BXM 11 ab Madison Ave./Ecke 26th St., 54th St. oder 99th St.)
Ziel: Fordham Station (Harlem Line, Nahverkehrszug bis Grand Central Station)
Wann: tagsüber

Wie Pech klebt ihr altes Image an der Bronx: Der New Yorker Stadtteil wird in Verbindung gebracht mit verfallenen Mietskasernen, Kriminalität und Jugendgangs. Seine Bewohner beteuern immer wieder, dass diese Zeiten längst passé sind und dass die Bronx heute in mancher Hinsicht ihre Borough-Mitbewerber aussticht. So hat das Viertel einen größeren Anteil an Parklandschaft als jede andere städtische Region des Landes. Am deutlichsten wird dieser grüne Charakter im **Bronx Park**. Mit 2,9 km² ist er nur um ein Sechstel kleiner als der Central Park. Der Bronx Park wird von der Fordham Road in

Bronx Zoo

zwei Hälften geteilt. Die untere nimmt der gigantische **Bronx Zoo** ❶ ein, der größte Tierpark der USA innerhalb von Stadtgrenzen. Er beherbergt 4300 Tiere aus 765 Arten, darunter vom Aussterben bedrohte wie der Schneeleopard. Sie leben zumeist in natürlich gestalteten Freigehegen, daneben gibt es moderne Häuser für Affen, Raubtiere, Vögel und Reptilien.

Da allein der Zoo riesige Ausmaße hat, ist bei dieser Tour ein beachtliches Laufpensum zu absolvieren. Gut, dass der Bus BXM 11, der an mehreren Stationen der Madison Avenue in Manhattan hält, direkt bis zum Gate B im Osten der Anlage fährt. Von dort aus erobert man den Zoo im Uhrzeigersinn (Plan an der Kasse erhältlich). Dabei unternimmt man eine kleine Weltreise und durchstreift Nordamerika, Asien, Afrika und Südamerika. Highlights sind die **Jungle World** ❷ und die **African Plains** ❸, wo man Raubtiere und ihre Beute beobachten kann (Jäger und Gejagte sind durch unsichtbare Barrieren voneinander getrennt). Im **Butterfly Garden** flattern von April bis Oktober exotische Falter umher. Auf kleine Tierfreunde wartet der **Children's Zoo** ❹. Schon diese Auswahl zeigt, dass man im Bronx Zoo gut einen ganzen Urlaubstag verbringen könnte.

Aber es gibt auf dieser Tour noch mehr zu sehen. Über den Ausgang Fordham Road Gate gelangt man in die Nordhälfte des Bronx Park. Hier lockt der **New York Botanical Garden** ❺, dessen Erkundung ebenfalls einen ganzen Tag in Anspruch nehmen könnte. Er wurde 1891 angelegt und umfasst verschiedene Themengärten wie Rose Garden, Rock Garden oder das Enid A. Haupt Conservatory. Zum Park gehört auch ein

New York Botanical Garden

Bronx-Taxis sind nicht gelb!

Restbestand des ursprünglichen Waldes, der einst das Stadtgebiet bedeckte. Einige Bäume sind fast 300 Jahre alt. Wer sich nur einen ersten Eindruck verschaffen will, spaziert nordwärts zum **Snuff Mill Café** und gönnt sich auf dessen hübscher Terrasse direkt am Bronx River einen Kaffee (Plan des Gartens unter www.nybg.org).

Den Bronx Park verlässt man nun im Westen und gelangt über den Dr. Theodore Kazimiroff Boulevard in südlicher Richtung zur E. Fordham Road. Von dieser biegt linker Hand die **Arthur Avenue** ❻ ab, so etwas wie die Restaurant Row der Bronx. Kenner der italienischen Küche behaupten, dass die Arthur Avenue und ihre Umgebung das wahre Little Italy von New York sei. Die Familienrestaurants, die meist nur den Vornamen des Eigners tragen, bekommen beste Bewertungen von Gastro-Testern und Gästen. Bewährte Adressen sind: **Ann & Tony's Restaurant** (Nr. 2407, ⚬⚬–⚬⚬⚬), **Mario's Restaurant** (Nr. 2342, ⚬⚬), **Dominick's Restaurant** (Nr. 2335, ⚬⚬) und **Pasquale's Rigoletto** (Nr. 2311, ⚬–⚬⚬). Ihnen allen ist authentische italienische Küche gemein. Über die E. Fordham Road geht es dann westwärts zur Fordham Station, von der aus Züge der Harlem Line in knapp 20 Minuten zur Grand Central Station in Manhattan fahren.

Pasquale's Rigoletto

Touren im Anschluss: 14, 15 (nach Rückfahrt mit der Harlem Line von der Grand Central Station aus)

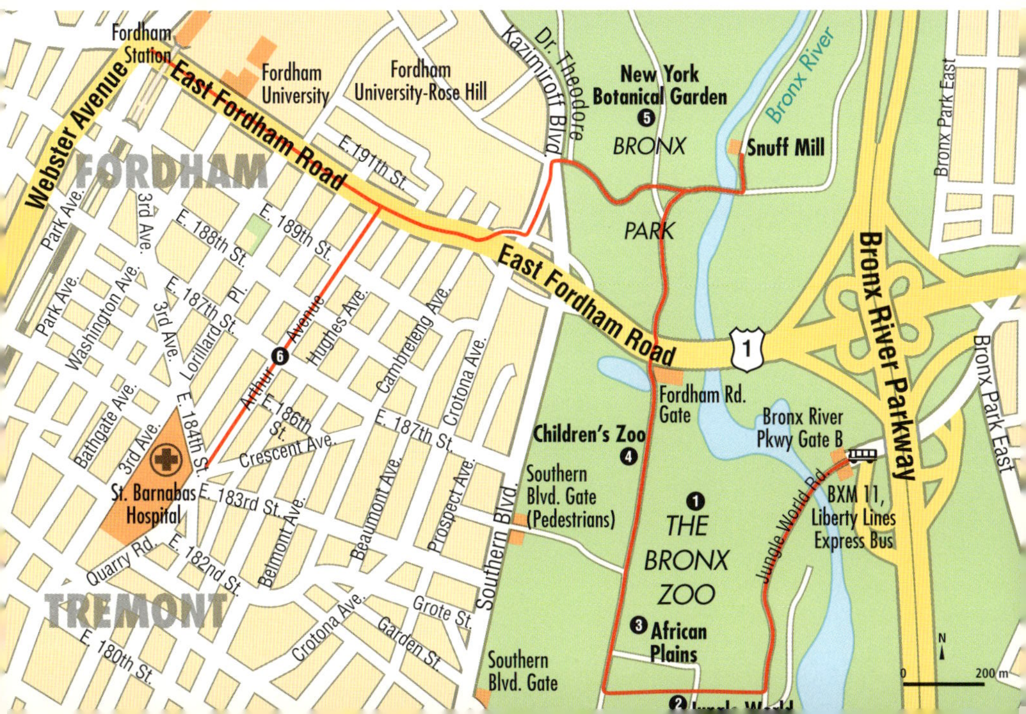
Fordham Station
Webster Avenue
East Fordham Road
Fordham University
Fordham University-Rose Hill
FORDHAM
Park Ave.
3rd Ave.
E. 188th St.
E. 189th St.
E. 191th St.
Kazimiroff Blvd.
Dr. Theodore
New York Botanical Garden
5
BRONX
PARK
Bronx River
Snuff Mill
Bronx Park East
Bronx River Parkway
1
Washington Ave.
E. 187th St.
Pl.
Lorillard
Arthur Avenue
6
Hughes Ave.
Cambreleng Ave.
Crotona Ave.
E. 186th St.
Crescent Ave.
E. 187th St.
Prospect Ave.
Fordham Rd. Gate
Bronx River Pkwy Gate B
Children's Zoo
4
Southern Blvd. Gate (Pedestrians)
Southern Blvd.
1
THE BRONX ZOO
Jungle World Rd.
BXM 11, Liberty Lines Express Bus
Bathgate Ave.
3rd Ave.
E. 184th St.
St. Barnabas Hospital
E. 183rd St.
Belmont Ave.
Beaumont Ave.
Quarry Rd.
E. 182nd St.
TREMONT
E. 180th St.
Crotona Ave.
Garden St.
Grote St.
Southern Blvd. Gate
3 African Plains
2
N
0
200 m

Tour 29

Queens: Das Hollywood der Ostküste

kurz

Broadway → Kaufman-Astoria Studios → Museum of the Moving Image

Für viele Besucher ist New York gleichbedeutend mit Manhattan – andere Stadtteile werden mit Missachtung gestraft. Das ist ein Fehler, wie diese Tour durch einen Teil von Queens zeigt. Gerade auf Filmliebhaber warten hier außergewöhnliche Highlights – zusätzlich zum Multikulti-Flair, für das Queens berühmt ist.

Start: Ⓢ Steinway St. (Train M, R)
Ziel: Ⓢ Steinway St. (Train M, R)
Wann: tagsüber

Nicht auszurotten ist die Melting-Pot-Legende, derzufolge in New York Menschen aus aller Herren Länder friedlich koexistieren. Während aber in Manhattan fast jede Volksgruppe isoliert in einem eigenen Stadtteil lebt, versorgt durch eigene Supermärkte, Dienstleister und Radiostationen, sind in Queens die Grenzen zwischen den Ethnien fließend. Das daraus resultierende Multikulti-Flair ist für den Besucher faszinierend.

Wo sonst kann man auf einem kleinen Straßenabschnitt wahlweise japanisch, italienisch, mexikanisch oder griechisch essen gehen? Auf dem Broadway laden bis zur 33rd Street u. a **Bai Sushi** ❶ (Nr. 3703, japanisch, ○○), **Bartolino's** ❷ (Nr. 3415,

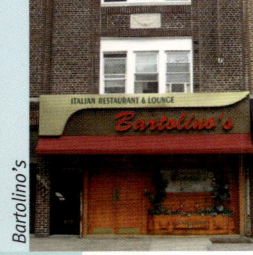

Bartolino's

italienisch, ○), **Uncle George's Greek Tavern** ❸ (Nr. 3319, griechisch, ○) und **El Mariachi Corp** ❹ (Nr. 3311, mexikanisch, ○) zu einer leckeren Pause ein.

Das Straßenbild wird auch durch die vielen kleinen Läden geprägt, in denen der Kioskbetreiber aus dem Iran und der Obstverkäufer aus Marokko einträchtig nebeneinander auf Kundschaft warten. Graffiti in unterschiedlichen Schriften zieren die Wände, und aus den offenen Fenstern vorbeifahrender Autos dringen Wortfetzen in einer von 138 der in Queens gesprochenen Sprachen, häufig untermalt von wummernden Bässen.

Über die 33rd Street führt der Weg nun weiter in die 34th Avenue. Dieses Gebiet wird geprägt von den riesigen **Kaufman-Astoria Studios** ❺, einer Art Hollywood an der Ostküste. Seit 1920 wird hier fürs Kino und heutzutage verstärkt fürs Fernsehen produziert. Dass die Lichter in den Studios nicht ausgingen, ist dem Unternehmer George S. Kaufman zu verdanken, der die kurz vor dem Bankrott stehende Legende 1980 sanierte. Als kleine Anerkennung für seine Mühe benannte Mr. Kaufman die Astoria Studios in Kaufman Astoria Studios – kurz KAS – um. Leider gibt es keine Führungen durch das Gelände, so dass man nur versuchen kann, am Haupteingang (36th St. zwischen 34th und 35th Ave.) einen Blick ins Innere zu erhaschen. Allerdings werden in den Kaufman-Astoria-Studios regelmäßig jene zumeist austauschbaren Nachmittags-Talkshows produziert, von denen es in den USA aufgrund der Größe des Fernsehmarktes noch mehr gibt als hierzulande. Wer einen Platz als Publikumsgast ergattert (www.kaufmanastoria.com), kann sich vielleicht auf diesem Weg einen Eindruck verschaffen.

Mit bedeutend weniger Aufwand kommen Filmfans in unmittelbarer Nachbarschaft auf ihre Kosten. Hier widmet sich in einem Studiokomplex, in dem die Filmgesellschaft Paramount in den 1920er-Jahren Stummfilme drehte, das **Museum of the Moving Image** ❻ (Eingang 35th Ave./Ecke 36th St., Mo geschl.) der Film- und Fernsehgeschichte. In Wechselausstellungen werden über 60000 Requisiten und Erinnerungsstücke gezeigt. Im zweiten Stock befindet sich die Dauerausstellung »Behind the Screen«, die die Entstehung eines Filmes demonstriert. Besucher können daran teilnehmen, indem sie Regie führen, Filme schneiden, Schauspieler schminken u. a. m. Im hauseigenen Kino werden Filmklassiker gezeigt, regelmäßig kann man auch Previews beiwohnen. Natürlich macht die »Arbeit« am Set hungrig – aber dagegen lässt sich im Restaurant **Astor Room** ❼ (36th St Ecke 35th Ave, amerikanisch, ⚪⚪) problemlos etwas tun. Das Lokal ist insbesondere bekannt für sein Brunch, bei dem in beeindruckender Vielfalt (und Menge) aufgefahren wird. Aber keine Angst, wenn die »Dreharbeiten« bis in den Nachmittag oder gar den frühen Abend gedauert haben. Das Restaurant weist auch eine umfangreiche Dinnerkarte vor.

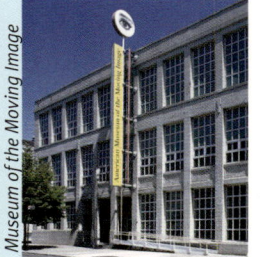

Zum Abschluss bietet sich ein Bummel durch das Multikulti-Queens an. Ein möglicher Weg führt über 35th Avenue und 42nd Street zum Broadway (die Kreuzung 42nd Street/Broadway ist hier längst nicht so schillernd wie das Pendant am Times Square) und über diesen zur 🅂 Steinway Street.

Tour im Anschluss: 18 (per U-Bahn, Train V)

Museum of the Moving Image

Map: Long Island City / Queens

Labels

- ASTORIA HEIGHTS REC. PARK
- LONG ISLAND CITY
- QUEENS

Points of Interest

1. Bai Sushi
2. Bartolino's
3. Greek Tavern
4. Uncle George's
5. Kaufman-Astoria Studios
6. American Museum of the Moving Image & Television Found.
7. Astor Room

- El Mariachi Corp

Subway Stations

- Broadway
- Steinway St
- 46th St
- 36th Av
- 39th Av
- 36th St

Streets

- 28th Ave, 30th Ave, 34th Ave, Newtown Rd, 30th Rd, 33rd Rd, Woodside Ave, Northern Boulevard, Broadway, Queens Boulevard (25A)
- 14th St, 21st St (Van Alst Ave.), 24th St, 28th St, 29th St, 30th St, 31st St, 32nd St, 33rd St, 34th St, 35th St, 36th St, 37th St, 38th St, 41st St, 42nd St, 43rd St, 44th St, 45th St, 46th St, 47th St, 49th St
- Crescent St, Steinway St

200 m
N

Tour 30

Brooklyn: Viertgrößte »Stadt« der USA

lang

Brooklyn Borough Hall → New York Transit Museum → Brooklyn Historical Society → Brooklyn Heights Esplanade → DUMBO

Das Beste an Brooklyn, so lästerten Bewohner von Rest-New-York früher, seien die Brücken nach Manhattan. Heute bemühen sich gut betuchte New Yorker fast verzweifelt, ein Haus in den Top-Vierteln von Brooklyn zu ergattern, z. B. in Brooklyn Heights, von wo aus man einen tollen Blick auf Manhattans Skyline hat – und auf die Brücken.

Start: Ⓢ Court St.–Borough Hall Station (Train M, R, 2, 4)
Ziel: Ⓢ High St. (Train A, C)
Wann: tagsüber, Di und Sa ist Markt vor der Borough Hall

Eigentlich ist Brooklyn eine Stadt für sich. Mit seinen 2,5 Mio. Einwohnern würde es in den USA Rang vier einnehmen – nach New York, Los Angeles und Chicago. 1834–98 war Brooklyn selbstständig, dann wurde es nach New York eingemeindet. Ein Relikt aus jener Zeit ist die klassizistische **Brooklyn Borough Hall** ❶ an der Ecke Court/Joralemon Streets. Das älteste öffentliche Gebäude des Stadtteils fungierte bis 1898 als Rathaus, Gericht und Gefängnis.

Die Abstimmung gegen die Eigenständigkeit und für Groß-New-York fiel denkbar knapp aus. Dass Brooklyn unter der damaligen Entscheidung nicht gelitten hat, zeigt sich in Gegenden wie Brooklyn Heights. Die

Brooklyn Borough Hall

Zeiten, in denen hier die Wohnungen billiger waren als in Manhattan, sind lange vorbei. An der Ecke Schermerhorn Street/Boerum Place beherbergt eine stillgelegte Metro-Station das **New York Transit Museum** ❷ (Mo geschl.), angeblich das größte Museum der USA zum Thema Öffentlicher Nahverkehr. Sein Schwerpunkt liegt auf der Geschichte der Subway. Schermerhorn und Clinton Street führen weiter zur Montague Street, der belebten Einkaufsstraße des Viertels. Hier macht man beim Teenager-Treff **Monty Q** (158 Montague St., italienisch, ❍) mit einer Spezialität Brooklyns Bekanntschaft: der Pizza. Sie wird überall im Viertel in fantasievollen Varianten stückweise verkauft.

Monty Q

An der Kreuzung Clinton/Pierrepont Streets residiert die **Brooklyn Historical Society** ❸, die seit 1863 die Geschichte Brooklyns und seiner Bewohner dokumentiert. Die Pierrepont Street nach Westen führt zur Willow Street, einem der schönsten Straßenzüge des **Brooklyn Heights Historic District** ❹. Alte Sandstein- und Ziegelhäuser, baumbestandene Straßen mit wenig Verkehr und entspannte Bewohner, mit denen sich locker plaudern lässt, während sie das Unkraut im Vorgarten jäten – hier ist Brooklyn Heights pure Idylle. In **70 Willow Street** lebte übrigens Truman Capote und schrieb »Frühstück bei Tiffany«. Heute könnte sich der Autor das nicht mehr leisten – das Haus soll 40 000 $ Miete im Monat kosten. Auf der von hübschen Brownstone-Häusern gesäumten Straße Columbia Heights geht es nun wieder in Richtung Süden, bis die Pierrepont Street zur **Brooklyn Heights Esplanade** ❺ abbiegt. The Promenade, wie

The Promenade

125

Brooklyns Filetstück auch genannt wird, bietet einen atemberaubenden Blick auf die Hochhauskulisse von Manhattan.

Nach einem Bummel über die Promenade geht es weiter nach **DUMBO**. Die Abkürzung bezeichnet das Gebiet »Down under the Manhattan Bridge Overpass«, das sich zwischen Brooklyn und Manhattan Bridges erstreckt. Die **Brooklyn Ice Cream Factory** ❻ (1 Water St.) ist eine Institution und verkauft das beste Eis weit und breit. Nicht ganz so preiswert wie hier kommt man im **River Café** (1 Water St., amerikanisch, ◯◯◯) davon, dafür ist der Blick auf Manhattan überwältigend. Auf der Water Street geht es weiter in das Herz von DUMBO, wo sich ein neues Szeneviertel mit Galerien, Bars, Restaurants und Clubs etabliert. Die Stadtverwaltung hilft dabei und entwickelte für 130 Mio. $ den Brooklyn Bridge Park, der sich von der Atlantic Avenue bis nördlich der Manhattan Bridge erstreckt.

Die verführerischen Auslagen des Chocolatiers **Jacques Torres** ❼ (62 Water St.) lassen Passanten jäh das Tempo drosseln. Torres und Lokale wie die **68 Jay St. Bar** an eben dieser Adresse werden sich über die Aufwertung von DUMBO freuen. Über Front und Washington Streets geht es zur Ⓢ High Street. Unterwegs demonstrieren die Köche im **Rice** (81 Washington St., international, ◯), was man mit Reis alles anstellen kann – u. a. auf thailändische, vietnamesische und jamaikanische Art.

Tour im Anschluss: 3

N
0
200 m
Front St.
South Street Seaport Museum
Pier 17
Brooklyn Bridge
Manhattan Bridge (Toll)
EMPIRE-FULTON FERRY STATE PARK
River Café/ Ice Cream Factory
Jacq. Torres Chocolate
68 Jay St. Bar
John St.
Pearl St.
Washington St.
New Dock St.
Water St.
Howard Al.
DUMBO
Jay St.
Old Fulton St.
Doughty St.
Vine St.
Rice
Fleet Al.
Adams St.
York St
BROOKLYN HEIGHTS
Poplar St.
Middagh St.
High St
Prospect St.
Cranberry St.
Orange St.
Red Cross Pl.
Adams St.
Pearl St.
High St.
Pineapple St.
Clark St
Cadman Plaza W.
Cadman Plaza
Cadman Pl. E.
Jay St.
BROOKLYN HEIGHTS HISTORIC DISTRICT
Brooklyn Heights Esplanade
Exprwy.
Brooklyn-Queens
Columbia Hts.
Willow
Clark St.
Hicks St.
Cottage Pl.
Court House
Tillary St.
Brooklyn Historical Society
Furman St.
Pierrepont St.
Montague St.
Remsen
N.Y. Supreme Court
N.Y. Tech. College
Poly-technic Univ.
Jay St Borough Hall
Grace Ct.
Monty Q
Court St
St. Francis Coll.
Adams St.
Hunt's La.
Joralemon St.
Brookl. Borough Hall
Columbia Pl.
Hicks St.
Henry St.
Sidney Pl.
Aitken Pl.
Borough Hall
Lawrence St
278
State St.
Red Hook La.
Fulton St.
VAN VOORHIES PARK
Atlantic Ave.
NY Transit Museum
L.I. Univ. Hospital
Clinton St.
Schermerhorn St.
Smith St.
Hoyt-Schermerhorn
Columbia St.
Pacific St.
Court St.
Boerum Pl.
Congress St.

Hotels

New York ist heute bei Reisenden so beliebt wie nie zuvor. Das wissen auch die Hoteliers der Stadt ganz genau, in der Metropole werden teilweise aberwitzige Übernachtungspreise aufgerufen. Eine intensive Preisrecherche empfiehlt sich deshalb: Mitunter haben die Hotels Specials im Angebot, die die Katalogpreise der Reiseveranstalter unterbieten.

Hotel Beacon (Upper West Side)
2130 Broadway, Tel. (212) 787-1100, www.beaconhotel.com, ○○

Nach einem Tag in der lauten und aufregenden Stadt New York finden die überreizten Sinne in diesem Hotel einen Hafen der Ruhe. Das Haus liegt in einer Gegend, in der auch die New Yorker selber gerne wohnen, der Central Park ist in wenigen Minuten erreicht. Wer lieber im Zimmer bleiben möchte, wird sich über die New-York-untypische Größe der Räume freuen, die Suiten haben zusätzlich eine voll ausgestattete Kitchenette.

Four Seasons (Midtown)
57 E. 57th St., Tel. (212) 758-5700, www.fourseasons.com, ○○○
Nicht nur die Lage nahe Central Park und Fifth Avenue ist einmalig, auch der perfekte Service, die Architektur von I. M. Pei und der fantastische Blick aus den Zimmern (s. Bild links) in den oberen Stockwerken – das Four Seasons ist New Yorks höchstes Hotel. Luxus pur sind die Marmorbäder mit Wannen, die sich in 60 Sekunden füllen.

Gansevoort Hotel (Meatpacking District, Tour 12, Seite 54)
18 9th Ave., (212) 206-6700, www.hotelgansevoort.com, ○○–○○○
Genauso hip und stylish wie der angesagte Meatpacking District präsentiert sich auch das einzige First-Class-Hotel des Bezirks. Das Haus verfügt über eine Dachterrasse mit Pool, in den Unterwassermusik eingespielt wird. Die originell designten Zimmer haben eine Deckenhöhe von 3 m.

Gershwin Hotel (Flatiron District)
7 E. 27th St., Tel. (212) 545-8000, www.gershwinhotel.com, ○–○○
Die Liebe der Besitzer zu ihrem Boutique-Hotel ist hier in jedem Detail spürbar, von den fantasievoll gestalteten Schlafsälen – schlichten, aber spottbilligen Übernachtungsmöglichkeiten – und Individual-Zimmern bis zur präsentierten Kunst.

The Library Hotel (Midtown)
299 Madison Ave., Tel. (212) 983-4500, www.libraryhotel.com, ○○
So etwas gibt es nur in New York: ein Hotel, das sich bei der Benennung seiner Zimmer am Dewey Decimal System orientiert, einem

System zur Erschließung von Bibliotheksbeständen. Alle zehn Stockwerke sind einer Hauptkategorie wie Kunst, Literatur oder Technik zugeordnet, jeder Raum einer Unterkategorie, z. B. dem Thema Computer. Im Zimmer kann man dann in den passenden Büchern schmökern. Kult!

Marriott Financial Center (Financial District)
85 West St., Tel. (212) 385-4900,
www.nycmarriottfinancial.com, ○○
Wer sich durch die Nähe zu Ground Zero nicht gestört fühlt, ist mit dem Marriott gut bedient. Mit etwas Glück bekommt man ein Zimmer mit Blick aufs Wasser und die Freiheitsstatue; die Räume sind für Manhattan großzügig bemessen. Marriott bietet oft günstige Wochenend-Specials, die ein Frühstück beinhalten. Ansonsten kann man sich bei Starbucks im Erdgeschoss einen Cafe Latte holen.

The Muse Hotel (Midtown)
130 W. 46th St., Tel. (212) 485-2400,
www.themusehotel.com, ○○–○○○
Eleganz und die gute Lage im Herzen des Theater District machen den Reiz dieses Boutique-Hotels aus, dessen Designern bei ihrer Ideenfindung scheinbar tatsächlich eine Muse zur Seite stand. Charmantes Detail: Am späten Nachmittag lädt das Management zur kostenlosen Weinprobe im behaglichen Foyer.

Red Roof Inn (Midtown)
6 W. 32nd St., Tel. (212) 643-7100, www.redroof.com, ○–○○

Nur wenige Meter vom Empire State Building entfernt übernachtet man in diesem Haus der bekannten amerikanischen Budget-Kette Red Roof Inn. Saubere und zweckmäßig eingerichtete Räume ohne übertriebenen Luxus – ideal für Reisende, die ein Zimmer nur zum Schlafen zwischen den Sightseeing-Touren brauchen.

Thirty Thirty (Midtown)
**30 E. 30th St., Tel. (212) 689-1900,
www.thirtythirty-nyc.com,** ○–○○

Die Lage »zwischen den Welten« – nicht mehr ganz Flatiron District, noch nicht richtig Midtown – macht das 1920 erbaute Haus durch aufmerksamen Service, angenehm gestaltete Zimmer und ein ausgezeichnetes Preis-Leistungs-Verhältnis wett. Das angeschlossene Restaurant mit mediterraner Küche stellt bei gutem Wetter Tische und Stühle auf der Straße auf.

Waldorf-Astoria (Midtown, Tour 16, Seite 70)
301 Park Ave., Tel. (212) 355-3000, www.waldorfastoria.com, ○○○

Seine besten Zeiten hat das legendäre Art-déco-Hotel zwar hinter sich, doch es übt immer noch große Anziehungskraft auf Touristen aus aller Welt aus. Wer heute die Exklusivität sucht, die man mit dem Namen Waldorf-Astoria verbindet, muss eines der Luxuszimmer in den separat geführten Waldorf Towers buchen, die zwischen der 28. und 42. Etage liegen.

Restaurants

In New York leben Einwanderer aus aller Herren Länder – entsprechend kann man von armenisch bis zypriotisch alle Küchen ausprobieren. Da New Yorker überaus ausgehfreudig sind, geht ohne Reservierung zumindest in der gehobenen Kategorie und an den Wochenenden gar nichts. Wichtig: Wie überall in Amerika ist der Service nicht im Preis enthalten. Die Bedienung erwartet 15–20 Prozent des Umsatzes als Trinkgeld.

Aleo Restaurant (Flatiron District, Tour 9, Seite 41)
7 W. 20th St., Tel. (212) 691-8136, ∞

Wer noch nie im Leben einen Espresso Martini gekostet hat, bekommt hier seine Chance. Berühmt ist das Restaurant nicht nur für diese Getränkekreation, sondern auch für die innovative Küche, die italienische mit anderen mediterranen Elementen mixt. Im Sommer serviert das Team auch in dem kleinen Garten im Hof.

David Burke Townhouse (Midtown, Tour 18, Seite 76)
133 61st St., Tel. (212) 813-2121, ○○○
So muss es sich anfühlen, wenn man schneeblind wird: David Burke hat unübersehbar eine Vorliebe für Weiß. Das Essen, eine Reihe gelungener Geschmacksexperimente auf Basis der Neuen Amerikanischen Küche, kostet zwar selbst für New Yorker Verhältnisse eine Menge, ist aber jeden Cent wert. Berühmt ist David Burke für seine Lollipop-Kreationen wie z.B. Geschmacksrichtung Gänsestopfleber.

Gramercy Tavern (Flatiron District, Tour 9, Seite 42)
42 E 20th St, Tel. 212-477-0777, ○○–○○○
Bei fast 8000 bewerteten Restaurants in New York in die Gruppe der Top 10 zu gelangen – das ist schon eine reife Leistung. Die Gramercy Tavern ist entgegen dem Namen alles andere als ein schlichtes Restaurant, eher ein Gourmettempel, der sich auf amerikanische Küche spezialisiert hat. Für das bis zu siebengängige Menü sollte man allerdings ordentlich Hunger mitbringen. Für den eiligen Gast gibt es im vorderen Bereich ein Bistro mit fast identischer Speisenauswahl.

Grand Central Terminal Food Court (Midtown, Tour 15, Seite 64)
89 E. 42nd St, ○–○○
Der Food Court im Untergeschoss des Grand Central Terminal stellt auch anspruchsvolle Gaumen zufrieden. Statt simpler Hamburger und Hot Dogs gibt es hier Spezialitäten aus aller Herren Länder, von koscheren Delikatessen über Sushi und Panini bis hin zu Kuchenkreationen, die jeden Kalorien-Highscore brechen.

Restaurants

Heartland Brewery (Empire State Building, Tour 14, Seite 61)
350th 5th. Ave., Tel. (212) 563-3433, ○○

Die Amerikaner lieben Microbreweries, kleine Brauereien, die richtiges Bier im Angebot haben und nicht jene leicht alkoholversetzten Brausen aus Massenfertigung. In der Heartland Brewery (s. Bild S. 132) geht es rustikal zu, das Bier wird in Halblitergläsern ausgeschenkt, und dazu gibt es deftige Steaks (weitere sechs Filialen, u. a. nahe dem Times Square und am Union Square).

Katz's Delicatessen (Lower East Side, Tour 7, Seite 34)
205 E. Houston St., Tel. (212) 254-2246, ○

Seit 1888 gibt es dieses berühmte Deli – und spätestens seit dem Kinohit »Harry und Sally«, in dem Sally hier ein klein wenig aus dem Rahmen fällt, kennt es buchstäblich jeder. Ob die Suppen, Sandwiches, Burger und jüdischen Spezialitäten, wie z. B. Kishka (Blutwurst), auf die Besucher von heute eine ähnliche Wirkung haben wie seinerzeit auf Sally alias Meg Ryan, testet man am besten selbst.

Kittichai (SoHo)
60 Thompson St. (Spring/Broome Sts.), Tel. (877) 431-0400, ○○○

Um sich im schnelllebigen Soho mit einem Restaurant länger als nur ein paar Monate zu behaupten, bedarf es eines guten Konzepts und einer außergewöhnlichen Kochkunst, die die in dieser Hinsicht verwöhnten New Yorker immer wieder überrascht. Die Betreiber des thailändischen Restaurants Kittichai setzen sich seit Jahren gegen die Konkurrenz durch. Weil sie wissen, wie beliebt ihre auf thailändischen Ideen beruhenden Fusion-Kreationen sind (z.B. Entenbrust mit Tamarindensauce und Birnensalat), lassen sie sich teuer bezahlen.

Mandarin Court (Chinatown, Tour 6, Seite 29)
61 Mott St., Tel. (212) 608-3838, ○

Die ideale Gelegenheit, um einmal Dim Sum zu probieren, jene köstlichen gefüllten Teigtaschen, die in China traditionell in Teehäusern serviert werden. Bestellt wird nicht, statt dessen rollen Kellner Servierwagen vorbei, von denen man nach Gusto nimmt, bis man satt ist. Abgerechnet wird am Schluss nach Größe und Zahl der Teller.

Nobu (TriBeCa, Tour 4, Seite 22)
105 Hudson St., Tel. (212) 219-0500, ○○○

Ganz bescheiden hat Starkoch Nobu Matsushisa sein wichtigstes Restaurant einfach nach sich selbst benannt. Diesen Dünkel kann er sich leisten, wird er doch von Gastro-Testern regelmäßig euphorisch gepriesen. Wer sich für keines der köstlich klingenden Gerichte – eine Fusion der Küchen Perus und Japans – entscheiden kann, sagt zum Kellner *Omakase* (Ich überlasse es Ihnen), woraufhin der ein Menü zusammenstellt.

Nougatine at Jean Georges (Central Park, Tour 21, Seite 89)
1 Central Park West/W. 61st St., Tel. (212) 299-3900, ○○○

Als das weltberühmte Romantik-Restaurant »Tavern on the Green« nach 75 Jahren seinen Betrieb einstellte, war der Aufschrei in New York groß. Allerdings fanden die Fans der Central-Park-Ikone schnell eine Alternative: Nougatine at Jean Georges gleich um die Ecke ist ein neuer Liebling der Gastro-Szene. Wem bei den französisch-amerikanisch geprägten Dinner-Angeboten die Wahl schwer fällt, bestellt das fünfgängige Tasting-Dinner – sollte dabei aber inklusive Getränken mit einem dreistelligen Dollar-Betrag pro Person rechnen.

Strip House (Greenwich Village, Tour 10, Seite 45)
13 E. 12th St., Tel. (212) 328-0000, ⚪⚪
Zuerst vermutet der Gast, vielleicht den falschen Eingang genommen zu haben: Zeichnungen hüllenloser Frauen zieren Tapeten und Servietten, Fotos erinnern an die Stars der Burlesque-Ära, und rote Lichtquellen verbreiten eine zwielichtige Atmosphäre. Aber keine Angst: Das Steakhaus gehört zu der besten, die New York zu bieten hat – und ist durch und durch seriös. Eine Besonderheit sind die zu den Steaks servierten Beilagen, u. a. getrüffelter Rahmspinat und Gänseschmalz-Kartoffeln.

Sushi Samba (West Village, Tour 11, Seite 50)
87 7th Ave. S., Tel. (212) 691-7885, ⚪⚪
Der Name lässt es bereits vermuten: Hier geht es nicht nur um Sushi. Tatsächlich ist dieses Restaurant im lebhaftesten Teil des Village gleichzeitig auch eine Churrasceria brasilianischen Stils, in der das Motto »Fleisch ist mein Gemüse« gilt. Tief schürfende Unterhaltungen sollte man angesichts des Lärmpegels vielleicht nicht anstreben, dafür ist die Stimmung garantiert fröhlich bis ausgelassen. Vom Balkon im 1. Stock hat man einen guten Blick auf den abendlichen Trubel im Viertel.

Sylvia's Restaurant (Harlem, Tour 25, Seite 106)
328 Lenox Ave., Tel. (212) 996-0660, ○

In Sylvia's Restaurant kommt traditionelles Soul Food auf den Tisch, die herzhafte Küche der amerikanischen Südstaaten. Sylvia's Restaurant wird bereits in dritter Generation von Sylvias Familie betrieben und nimmt inzwischen einen ganzen Block ein. In dem Lokal wird viel frittiert – und Chicken gehört zu einem Menü fast zwingend dazu.

Tom's Restaurant (Morningside Heights, Tour 24, Seite 101)
2880 Broadway, Tel. (212) 864-6137, ○

Über einen Mangel an kostenloser Werbung muss sich dieses Lokal nicht beklagen. Suzanne Vega würdigte das Restaurant in dem Song »Tom's Diner«, und in der US-Sitcom »Seinfeld« waren immer wieder Außenaufnahmen von Tom's Restaurant zu sehen. Das Diner existiert seit beinahe 50 Jahren und ist fast noch im Originalzustand erhalten. Den Betreibern ist der Erfolg nicht zu Kopf gestiegen. Immer noch gibt es gute Hausmannskost zu fairen Preisen.

Zen Palate (Theater District)
663 9th Ave./46th St., Tel. (212) 582-1669, ○○

Alptraum für Steak-Liebhaber, Paradies für Vegetarier – so lässt sich in kurzen Worten das Zen Palate beschreiben. In einer Stadt, die an vegetarischen Restaurants nicht gerade arm ist, fällt doch immer wieder die Empfehlung für dieses Lokal in der Nähe der Times Square-Theater.

Shopping

In New York könnte er erfunden worden sein, der legendäre amerikanische Schlachtruf »Shop 'til You Drop« (Einkaufen bis zum Umfallen). Vom angeblich weltgrößten Kaufhaus Macy's über die Insider-Boutiquen von SoHo & Co. bis zu skurrilen Geschäften, die es so nirgends sonst auf der Welt gibt, reicht das Spektrum. Shopping-Profis freuen sich, dass New York für Kleidung und Schuhe bis 110 $ keine Sales-Tax erhebt.

Abercrombie & Fitch (Midtown, Tour 18, Seite 78)
720 5th Ave., Tel. (212) 306-0936, www.abercrombie.com
Abercrombie & Fitch ist *die* Kultmarke privilegierter amerikanischer College-Kids. Der ehemalige Jagdausrüster, bei dem auch Hemingway einkaufte, hat sich zur Freizeitmarke mit Milliardenumsatz aufgeschwungen. »A&F« vertreibt Jeans und Polos im künstlich angealterten Vintage Look, weiterhin sog. *humor tees*, T-Shirts mit witzigen Aufdrucken (weitere Filiale am South Street Seaport).

Apple Store (SoHo, Tour 5, Seite 26)
103 Prince St., Tel. (212) 226-3126, www.apple.com
Mag ja sein, dass Apples Flagship-Store an der 5th Avenue viel größer ist – diese Filiale hat jedoch mehr Atmosphäre. Alle iPads und iPods können hands on ausprobiert werden; man kann sogar kostenlos seine E-Mails checken. Der iPod ist trotz des gestiegenen Dollarkurses weiterhin deutlich billiger als in Europa und kennt keine Kompatibilitätsprobleme.

Barnes & Noble Bookstore (Tour 9, Flatiron District)
33 East 17th Street, Tel (212) 253-0810
Buchgeschäfte sind vom Aussterben bedroht? Nicht, wenn es nach den Besitzern dieser Kette geht. Der Buchkauf soll hier zum Erlebnis werden. In gemütlichen Sesseln kann man sich sämtliche Werke anlesen und im angeschlossenen Café über das kostenlose WiFi seine E-Mails checken. Regelmäßig gibt es Autorenlesungen und sogar Auftritte bekannter und weniger bekannter Bands. (Weitere Filialen u. a. 82th St/Broadway und 5th Ave.)

Century 21 (Manhattans Südspitze, Tour 1, Seite 10)
22 Cortlandt St., Tel. (212) 227–9092, www.c21stores.com
Nein, mit dem Ambiente eines Nobelkaufhauses wie etwa »Saks Fifth Avenue« kann Century 21 nicht aufwarten. Die Atmosphäre gleicht eher der eines Ladens in den letzten Stunden seines Räumungsverkaufes. Für die lokalen Schnäppchenjäger ist Century 21 dennoch eine Topadresse. Und inzwischen hat sich auch bei den Besuchern

aus aller Welt herumgesprochen, dass es in diesem Billig-Kaufhaus Markenware namhafter Designer zu Spottpreisen gibt.

Disney Store (Midtown, Tour 15, Seite 66)
1540 Broadway, Tel. (212) 626-2910, www.disneystore.com
Der größte der Disney-Stores in Manhattan (s. Bild, S. 138) bietet ein zweigeteiltes Einkaufserlebnis: Zunächst einmal kann man natürlich klassische Souvenirs rund um Mickey Mouse und andere Zeichentrickhelden erstehen. Außerdem ist der Disney Store aber eine Galerie, wo es hochpreisige Original-Zeichnungen aus Zeichentrick-Klassikern und Kunst rund um die Maus zu kaufen gibt.

DKNY/Donna Karan New York (Midtown, Tour 18, Seite 76)
655 Madison Ave., Tel. (212) 223-3569, www.dkny.com
Donna Karan stellte 1985 in New York ihre erste Kollektion vor und legte mit funktionellen, vielseitig kombinierbaren Powerfrauen-Outfits den Grundstein ihrer weltweiten Karriere. Ihre Tochter Gabby inspirierte sie 1989 zum Label DKNY, einer Sportswear-Linie, die etwas preiswerter ist und jüngere Kundinnen als Zielgruppe hat.

FAO Schwarz (Midtown, Tour 18, Seite 77)
767 Fifth Ave., Tel. (212) 644-9400, www.fao.com
Menschen mit Peter-Pan-Syndrom machen um diesen Spielzeugladen besser einen großen Bogen, denn sonst werden sie in der Barbie-Boutique oder in der riesigen Lego-Abteilung die restliche Zeit ihres

Urlaubs verbringen. Besonderen Glamour entfaltet FAO Schwarz in der Vorweihnachtszeit, wenn vor und in dem Geschäft Christbaumkugeln von der Größe kleiner Planeten bestaunt werden können.

M&M (Times Square, Tour 15, Seite 66)
1600 Broadway, Tel. (212) 295-3850, www.mymms.com
Freunde sowohl der bunten Schokodragees als auch der putzigen M&M-Charaktere finden am Times Square ihren Laden schlechthin. Denn auf zwei Stockwerken gibt es hier nicht nur M&M's in allen Farben und Geschmacksrichtungen zum Selbermischen, sondern auch witzige Memorabilien.

Macy's (Midtown, Tour 14, Seite 60)
151 W. 34th St., Tel. (212) 695-4400, www.macys.com
»Das größte Kaufhaus der Welt« heißt es selbstbewusst auf dem viele Stockwerke hohen Werbebanner von Macy's. Auf jeden Fall ist die Mutter aller Kaufhäuser auch ein touristisches Erlebnis. Die Struktur und Ordnung in dem Shopping-Palast ist nur für die Betreiber nachvollziehbar – aber schließlich ist wohl kaum jemand auf der Suche nach etwas Bestimmtem. Am Infoschalter gibt es für Touristen ein Coupon-Buch mit attraktiven Preisnachlässen.

MoMA Design Store (Midtown, Tour 17, Seite 74)
11 W. 53rd St., Tel. (212) 708-9700, www.momastore.org
Wie fast alles sind auch die Museum Stores in New York etwas größer geraten – und der des MoMA schlägt alle Rekorde. Hier gibt

es nicht nur eine reiche Auswahl an Büchern zu allen Facetten der Kunst und des Designs, auch ausgewählte Designobjekte – vom Eames Chair und der Wagenfeld-Lampe über finnisches Glas bis zum Tee-Ei im Bauhaus-Stil – drängen sich als Mitbringsel geradezu auf.

Niketown (Midtown, Tour 18, Seite 77)
6 E. 57th St., Tel. (212) 891-6453, www.niketown.com
Auf fünf futuristisch gestylten Stockwerken gibt es einfach alles von Nike: Trainingsoutfits, Bälle, Sportgeräte und natürlich Turnschuhe für alle erdenklichen Sportarten – von Basketball und Baseball über Fußball und Golf bis hin zu Hochsprung und Laufen. Alle 20 Minuten werden auf einer riesigen Leinwand Nike-Werbespots oder kurze Sportfilme gezeigt. Häufig sind Größen der Sportwelt zu Gast, von denen man sich seine Neuerwerbung gleich signieren lassen kann.

Philip Williams Posters (Tribeca, Tour 4, Seite 20)
122 Chambers St., Tel. (212) 513-0313, www.postermuseum.com
Ist es ein Geschäft, oder ist es ein Museum? Zwar lebt der Besitzer dieses einmaligen Ladens davon, alte Poster zu verkaufen, die er bei Reisen durch aller Herren Länder aufstöbert. Da Mr. Williams aber offenkundig sehr an seinen Schätzen hängt, ist der Shop zugleich eine Sammlung, die angeblich fast 1 Mio. Poster aller Epochen und Stilrichtungen umfasst.

Saks Fifth Avenue (Tour 16, Rockefeller Center)
611 5th Avenue, Tel. (212) 753-4000

Diese Bekleidungs-Ikone trägt den Luxus im Namen, benannte sich nach der Lage des Stammhauses an der Fifth Avenue. Ehre, wem Ehre gebührt: Dem exklusiven Modekaufhaus begegnet man zwar überall in den USA, seinen Ursprung nahm die außergewöhnliche Erfolgsgeschichte von Saks aber genau hier – an der Fifth Avenue.

The Gap (u. a. Times Square, Tour 15, Seite 66)
1466 Broadway, Ecke 42nd St.,
Tel. (212) 382-4500, www.gap.com

Nachdem die Bekleidungskette The Gap sich vom deutschen Markt zurückgezogen hat, müssen Fans des Unternehmens nun wieder weite Reisen auf sich nehmen. In New York stehen 30 Gap-Filialen zur Auswahl – die Läden an der Fifth Avenue, im South Street Seaport und am Times Square besitzen BabyGap-, GapKids- und GapBody-Abteilungen.

Verve Shoes (West Village, Tour 11, Seite 49)
338 Bleecker St., Tel. (212) 675-6693

Wenn man gängigen Klischees Glauben schenkt, ist für Frauen keine Einkaufstour komplett ohne den ausgiebigen Besuch eines Schuhgeschäfts. In diesem kleinen, aber feinen Laden darf die Entscheidungsfindung ruhig auch mal ein wenig länger dauern. Das Personal von Verve Shoes wird nicht müde, zu beraten und immer neue Schuhe zu empfehlen.

Nightlife

In der Stadt, die niemals schläft, den Abend zu gestalten, dürfte nicht schwer sein, sollte man meinen. Ist es auch nicht – das einzige Problem besteht in der Überfülle des Angebots. Wer sich für eine Alternative entscheidet, verpasst dafür -zig andere. Da heißt es gelassen bleiben – der nächste Abend kommt bestimmt.

Blue Man Group (East Village, Tour 8, Seite 36)
Astor Place Theater, 434 Lafayette St., Tel. (212) 387-9415, www.blueman.com
Die Show, die die dreiköpfige Blue-Man-Group seit 1991 beinahe täglich in New York abzieht, ist einfach unbeschreiblich – eine Kombination aus Musik, Comedy, Multimedia-Installation und künstlerischer Anarchie. Besonderen Reiz erhält die Angelegenheit dadurch, dass es sich bei den drei Blauköpfen im Astor Place Theater meist um die Originalbesetzung handelt.

Bowery Ballroom (Lower East Side)
6 Delancey St., Tel. (212) 533-2111, www.boweryballroom.com
Ein ehemaliges Einkaufszentrum dient jetzt als riesiger Konzertsaal. Viele aufstrebende Independent-Bands treten hier auf, aber auch unabhängige Alt-Stars wie Patti Smith oder Joan Baez, die den Bowery Ballroom im November 2004 für die Aufzeichnung des Live-Albums »Bowery Songs« nutzte.

Café Wha? (Greenwich Village, Tour 10, Seite 46)
115 Macdougal St., Tel. (212) 254-3706, www.cafewha.com
Das Café Wha? dient seit den 1960er-Jahren als Sprungbrett für Nachwuchskünstler. Bob Dylan, Jimi Hendrix und Bruce Springsteen wurden hier entdeckt, Woody Allen und Bill Cosby versuchten sich als Komiker. Noch heute gibt es an sieben Abenden in der Woche Live-Musik, Mi und So sogar ohne Eintritt. Die Stimmung in dem Club ist fantastisch.

Comedy Cellar (Greenwich Village, Tour 10, Seite 46)
117 MacDougal St, Tel. (212) 254-3480
Die Tradition der Standup Comedy halten die Künstler im Comedy Cellar hoch. An gelungenen Abenden – und davon gibt es viele – kommt es zur Interaktion mit dem Publikum, mit ungewissem Ausgang. Um richtig Vergnügen am teilweise anarchischen Humor zu haben, sollte man der englischen (Umgangs-)Sprache allerdings mehr als nur rudimentär mächtig sein.

Empire State Building (Midtown, Tour 14, Seite 61)
350 5th Avenue, www.esbny.com

Eine Auffahrt zur Besucherplattform des Empire State Building lohnt sich natürlich zu jeder Tageszeit. Besonders romantisch wird das Erlebnis aber in den Abend- und Nachtstunden, wenn sich die glitzernde Metropole schier endlos vor einem ausbreitet. Die Besucherplattform hat bis weit nach 23 Uhr geöffnet.

Jazz at Lincoln Center (Midtown, Tour 21, Seite 89)
Columbus Avenue/60th St., Tel. (212) 258-9595, www.jalc.org

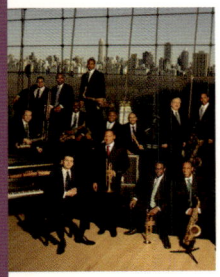

Der Name dieser Institution ist irreführend, denn »JALC« befindet sich nicht im Lincoln Center, sondern einige Blocks entfernt im Time Warner Center. Hier wird Jazz zwar nicht ganz so intim wie etwa in der Lenox Lounge (s. rechts) dargeboten, dafür aber in einem absolut kultigen Setting – den Bühnenhintergrund bildet die Skyline von Manhattan.

Radio City Music Hall (Rockefeller Center, Tour 16, Seite 69)
1260 6th Ave., Tel. (212) 307-7171, www.radiocity.com

Eigentlich ist es egal, wer gerade in der Radio City Music Hall gastiert, denn bei jeder Show ist der prächtige Art-déco-Saal ein Blickfang. Das wissen auch die Künstler, die sich darum drängen, hier auftreten zu dürfen. In der Vorweihnachtszeit müssen Elton John, Celine Dion und Tori Amos allerdings draußen bleiben. Dann ist die Bühne für die berühmte Tanztruppe The Rockettes und ihr alljährliches »Christmas Spectacular« reserviert.

Lenox Lounge (Harlem, Tour 25, Seite 105)
288 Lenox Ave., Tel. (212) 427-0253,
www.lenoxlounge.com
Cool, cooler, Lenox Lounge. In diesem Etablissement wird seit den 1930er-Jahren der beste Jazz der Stadt geboten. Künstler wie Billie Holiday oder Miles Davis traten hier auf. Zu den prominenten Gästen gehörte Bürgerrechtler Malcolm X. Besonders stimmungsvoll ist der im Art-déco-Stil dekorierte Zebra Room des Jazz-Clubs.

Tenjune (Meatpacking District, Tour 12, Seite 53)
26 Little W. 12th St., Tel. (646) 624-2410, www.tenjunenyc.com
Zu seinem ungewöhnlichen Namen kam das Tenjune, weil beide Gründer am 10. Juni Geburtstag haben. Der exklusive Club wurde in den unterirdischen Räumen einer früheren Parkgarage eingerichtet. Mit der Purple Lounge besitzt er einen VIP-Bereich, der von Celebrities wie P. Diddy oder Beyoncé gern für private Feiern genutzt wird. Beide hatten hier auch schon Live-Auftritte.

Webster Hall (Flatiron District)
125 E. 11th St., Tel. (212) 353-1600, www.websterhall.com
Die Webster Hall hat eine umfangreiche Liste von Live-Auftritten angesagter Bands vorzuweisen, aber auch viele Newcomer treten hier zum ersten Mal vors Publikum. Zusätzlich gibt es auf mehrere Etagen verteilte Clubs, in denen die Musik aus der Konserve kommt. Wer sich vorab über das Internet anmeldet, kommt bei seinem Erstbesuch für nur einen Dollar in die »heiligen Hallen«.

Events

Frühling

März: St. Patrick's Day Parade: Große Parade auf der 5th Avenue zwischen 44th und 86th Streets zu Ehren des irischen Nationalheiligen.

April/Mai: Tribeca Film-Festival: Von Robert de Niro initiiertes Filmfest in seinem Lieblings-Stadtteil TriBeCa.

Mai: Great Five Boro Bike Tour: 42-Meilen-Tour (65 km) durch die fünf New Yorker Boroughs.

Sommer

Juni: Museum Mile Festival: Die 5th Avenue zwischen 82th und 104th Streets wird einen Tag lang gesperrt. Neun renommierte Museen gewähren freien Eintritt, u. a. das Metropolitan Museum of Art und das Guggenheim Museum.

Christopher Street Liberation Day: Die Homosexuellen der Stadt erinnern mit einem Umzug durch Greenwich Village an die Ereignisse des Jahres 1969 (s. Tour 11).

Juni/Juli/August: Metropolitan Opera in the Park: Kostenlose Aufführungen der Metropolitan Opera in verschiedenen Parks der Stadt.

Shakespeare in the Park: Kostenlose Aufführungen mit Weltstars im Central Park.

4. Juli: Amerikanischer Unabhängigkeitstag. Feiern überall in der Stadt, u. a. mit einer Schiffsparade auf dem Hudson und einem Feuerwerk am East River (besonders schön zu sehen von der Brooklyn Heights Esplanade aus).

Juni/Juli/August: Bryant Park Film Festival: Im Bryant Park werden auf einer riesigen Leinwand jeweils montags die Klassiker der Filmgeschichte gezeigt.

August: Harlem Week: Straßenfest mit unzähligen Veranstaltungen.

Herbst

September: Festival San Gennaro: Feierlichkeiten zu Ehren des Schutzheiligen von Neapel in der Mulberry Street in Little Italy.

Steuben Day Parade: Deutsch-amerikanischer Umzug auf der Fifth Avenue zwischen 61st und 86th Streets zu Ehren des deutschen Generals von Steuben, eines Helden des Unabhängigkeitskrieges.

Oktober: NYC Oktoberfest: Auf der Lexington Avenue verbreiten 500 Stände Bierseligkeit – the American way.

Halloween Parade: An dem Umzug durch das Village nehmen 25 000 Gruselfans teil, 2 Mio. Zuschauer säumen die Straßen.

Winter

November: New York City Marathon: Der wohl prestigeträchtigste Marathon der Welt führt durch alle fünf Boroughs.

Macy's Thanksgiving Parade: Zum Erntedankfest richtet das Großkaufhaus eine farbenfrohe Parade über den Broadway aus.

November/Dezember: Lighting of Giant Christmas Tree: Um Thanksgiving wird der riesige Weihnachtsbaum vor dem GE-Building im Rockefeller Center festlich beleuchtet.

Dezember: Polar Bear Christmas: An den Wochenenden bekommen die Eisbären im Central Park Zoo ihre Geschenke, z. B. verpackte Truthähne.

31. Dezember: New Year's Eve: In den letzten Sekunden des Jahres senkt sich die glitzernde Neujahrskugel auf den Times Square hinab. Ein spektakuläres Feuerwerk beleuchtet den Himmel über Manhattan.

Februar: Chinesisches Neujahrsfest: Ganze zehn Tage lang feiern die Chinesen ihr Neujahrsfest, dessen genauer Termin sich nach dem Vollmond richtet, mit Feuerwerk und Riesendrachen in der Mott Street.

Diplomatische Vertretungen

- **Deutschland:** Generalkonsulat, 871 United Nations Plaza, Tel. (212) 610-9700
- **Österreich:** Generalkonsulat, 31 E. 69th St., Tel. (212) 933-5140
- **Schweiz:** Generalkonsulat, 633 3rd Ave., 30th Floor Tel. (212) 599-5700

Einreise

Deutsche, Österreicher und Schweizer benötigen für einen Aufenthalt bis zu 90 Tagen einen noch mindestens für die Dauer der Reise gültigen, maschinenlesbaren Reisepass sowie ein gültiges Rückflugticket. Bis spätestens drei Tage vor Abflug ist eine Online-Registrierung unter https://esta.cbp.dhs.gov zwingend erforderlich (Gebühr 14 $).

Feiertage

New Year's Day (1. Jan.); Martin Luther King Day (3. Mo im Jan.); Presidents' Day (3. Mo im Febr.); Memorial Day (letzter Mo im Mai); Independence Day (4. Juli); Labor Day (1. Mo im Sept.); Columbus Day (2. Mo im Okt.); Veteran's Day (11. Nov.); Thanksgiving Day (4. Do im Nov.); Christmas (25. Dez.)

Geld

Währung ist der Dollar ($) = 100 Cents (¢). Zur Mitnahme empfiehlt sich eine Kreditkarte (Mastercard, Visa) ebenso wie Dollar-Reiseschecks und ein paar Dollar in bar. Mit der EC/Maestro-Karte bekommt man an Geldautomaten Bargeld.

Informationen

- **NYC & Company,** 810 7th Ave., Tel. (212) 484-1200, www.nycgo.com
- **Times Square Visitor Center,** 1560 Broadway, www.timessquarebid.org, tgl. 8–20 Uhr

Kartenvorverkauf

Über **TKTS,** das **Broadway Visitor Center** (s. Tour 15) sowie **Tele-charge** (www.telecharge.com).

Notruf
Tel. 911

Sicherheit
New York ist sicherer geworden, dennoch sollte man sich im Gedränge vor Taschendieben in Acht nehmen und nach Möglichkeit den Hotelsafe nutzen. Abgelegene Gegenden und Parks sind in der Dunkelheit zu meiden.

Telefon
In New York ist der sog. Area code – 212 oder 646 für Manhattan und die Bronx, 718, 347, 917 oder 929 für Brooklyn, Queens und Staten Island – fester Bestandteil der Telefonnummer. Telefonzellen funktionieren mit Münzen und Prepaid Cards, die an vielen Kiosken erhältlich sind (Karte nicht in den Apparat stecken, Codenummer wählen!). Mit den meisten europäischen Handys kann man in den USA nicht telefonieren. Entweder man besorgt sich ein Tri-Band-Gerät oder mietet ein Leih-Handy.

- **Auskunft im Ortsnetz**
New York: Tel. 411
- **Vorwahl nach USA:** 001
- **Internationale Vorwahlen:**
Deutschland 0 11 49, Österreich 0 11 43, Schweiz 0 11 41

Toiletten
Öffentliche Toiletten sind selten, es empfiehlt sich daher, ein Kaufhaus, Kettenrestaurant oder größeres Hotels aufzusuchen.

Websites
- **www.virtualnyc.info, www.newyorkguest.com** (Tipps zu allen touristischen Fragen)
- **www.nytheatre.com** (Theatertipps)
- **www.timeout.com, www.villagevoice.com** (Ausgehtipps)
- **www.ny.com/shopping** (Einkaufstipps)

Zoll
Für die Wiedereinreise ins Heimatland gilt: Geschenke dürfen den Wert von 430 € bzw. 300 CHF nicht überschreiten.

Anreise per Flugzeug

■ Infos zu allen drei New Yorker Airports (Flugverbindungen, Airlines, Verkehrsanbindung) erhält man unter **www.panynj.gov**

■ **JFK International Airport** (24 km außerhalb, in Queens): Verbindung nach Manhattan mit Linienbus, NY Airport Service Express Bus (6–23 Uhr, Tel. (718) 875-8200 oder mit LIRR-Zügen oder U-Bahn ab Station Jamaica (von dort Airtrain-Anschluss zu den Terminals). Die Fahrt mit dem Taxi kostet pauschal 52 $ + 4–6 $ Tunnelgebühren sowie 10–15 % Trinkgeld (Dauer ca. 1 Std.).

■ **Newark International Airport** (26 km westlich, in New Jersey): Der AirTrain verkehrt von den Terminals zur Newark Train Station (5 $) und von dort weiter zur Penn Station in Manhattan (14 $, Dauer ca. 1 Std.), Busse von SuperShuttle und AirLink (15–17 $) stellen die Verbindung zu den Hotels in Midtown her (Dauer 45–60 Min.). Ein Taxi kostet 35–50 $ + 4–6 $ Brückenzoll und Trinkgeld (Dauer 30–45 Min.).

■ **LaGuardia International Airport** (15 km östlich in Queens): Nach Manhattan mit dem NYC Airporter-Bus alle 30 Min. zur Grand Central und Penn Station 13 $, www.NYCAirporter.com, Tel. (718) 777-5111), ein Taxi bekommt man für 30 $ + 4–6 $ Brücken- bzw. Tunnelzoll und Trinkgeld (Dauer 30–45 Min.).

Unterwegs in New York

■ Informationen zur Subway und den öffentlichen Bussen bekommt man unter Tel. (718) 330-1234 oder www.mta.info

■ Kostenlose Subway- und Buspläne sind bei den Touristinformationen erhältlich.

Subway

Das Subway-System von New York ist ausgezeichnet ausgebaut. U-Bahnen verkehren rund um die Uhr alle 10–20 Min., zu den Stoßzeiten häufiger, nachts seltener. Die einzelnen Linien sind mit Zahlen und Buchstaben gekennzeichnet. **Express trains** lassen unterwegs viele Stationen aus; **local trains** halten an jeder Station auf der Route. Eine Einzelfahrt kostet 2,25 $ und dauert so lange, bis man das Sperrengebiet wieder verlässt. Es empfiehlt sich der Kauf einer **Metrocard,** die mit einem bestimmten Geldbetrag aufgeladen ist, alternativ sind auch Wochenkarten (29 $) erhältlich. Letztere lohnt sich bereits ab zwei Fahrten pro Tag. Verkauft wird die Metrocard an U-Bahn-Schaltern, am Automaten in Bahnhöfen und U-Bahn-Stationen sowie an Verkaufsstellen überall in der Stadt, z. B. bei den Touristinformationen.

Busse

Während die Subway eher in Nord-Süd-Richtung orientiert ist, stellen Busse die Ost-West-Verbindung her. Auch hier gibt es eine Unterscheidung zwischen **Express-** und **Local-**Routen. Die Haltestellen erkennt man am blau-weißen Schild und am gelben Bordstein; man muss signalisieren, dass man mitfahren möchte. Wer aussteigen will, drückt auf den *Tape strip*, das gelbe Band. Eine Busfahrt kostet 2,25 $; man bezahlt bar in abgezählten Münzen oder mit der Metro-Card. Wer umsteigen will, verlangt vom Fahrer ein kostenloses **transfer ticket.**

Taxis

Die lizenzierten **Yellow Cabs** werden nicht telefonisch bestellt, sondern einfach aus dem fließenden Verkehr an den Straßenrand gewunken. Während der Rush Hour und spät abends sollte man Wartezeiten von bis zu 15 Min. einkalkulieren. Bessere Chancen hat man an den großen Durchgangsstraßen, insbesondere den Avenues. Die Grundgebühr beträgt 2,50 $, für jede weitere fünftel Meile fallen 50 ¢ an. Für Nachtfahrten zwischen 20 und 6 Uhr wird ein Zuschlag erhoben.

Register

Abercrombie & Fitch 18, 78, 138
Abyssinian Baptist Church 106
African Burial Grounds 17
Agozar, Szenelokal 26
Aleo, Restaurant 41, 132
Alfred Lerner Hall 101
American Folk Art Museum 89
American Masala, Restaurant 13
American Museum of Natural History 94
Ansonia 97
Apollo Theater 104
Apple Store 26, 78, 139
Arthur Avenue 118
Arthur Schomburg Center for Research in Black Culture 106
Astor Place Theater 36, 145
Astor Row Houses 106
Audubon Terrace 109
Avery Fisher Hall 89

Barnes & Noble Bookstore 139
Battery Park 8
Beacon, Hotel 128
Belvedere Castle 94
Bethesda Terrace 93
Blaue Gans, Restaurant 21
Bloomingdale's 76
Blue Man Group, Show 36, 144
Blue Note Jazz Club 46
Bow Bridge 93
Bowery Ballroom 145
Bowery Poetry Club 38
Bronx (Park, Zoo) 116
Brooklyn Borough Hall 124
Brooklyn Bridge 17, 126
Brooklyn Heights 125
Brooklyn Historical Society 125
Bryant Park 65
Buddha Bodai, Restaurant 29
Busse 153

Café Wha? 46, 145

Carnegie Deli 90
Carnegie Hall 90
Carnegie Hill 84
Cast Iron H. D. 25
Castle Clinton N. M. 8
Cathedral of St. John the Devine 100
Central Park 80, 92
Central Park Zoo 82
Central Syangogue 73
Century 21, Kaufhaus 10, 139
Chelsea Hotel 56
Chelsea Park 57
Chelsea Piers 57
Children's Museum of Manhattan 98
Christopher Street 49
Chrysler Building 61
Church Lounge, Restaurant 22
Church of the Intercession 110
Church of the Transfiguration 29
Citarella (Feinkost) 97
Citigroup Center 72
City Hall 17
Civic Center 16
Cloisters, The 113
Club Row 57
Columbia University/Library 101
Columbus Circle 89
Comedy Cellar 144
Confucius Plaza 29
Convent of the Sacred Heart 85
Cooper-Hewitt National Design Museum 85

Dakota Building 96
Dan's Chelsea Guitars 57
David Burke Townhouse, Restaurant S. 76, 133
Delacorte Theater 94
Dia Center for the Arts 25
Diplomatische Vertretungen 150
Disney Store 78, 140
DKNY 76, 140

Register

DUMBO (Down under the Manhattan Overpass) 126
Dyckman Farmhouse 112

Einreise 150
El Museo del Barrio 86
Eldridge Street Synagogue 32
Ellis Island 9
Empire Diner 58
Empire State Building 61, 146
Enid A. Haupt Conservatory 117
Esplanade 10

FAO Schwarz 77, 140
Fashion Institute of Technology 57
Federal Hall 13
Feiertage 150
First Baptist Church in the City of N. Y. 98
Flatiron Building 42
Forbes Magazine Galleries 44
Fort Tryon Park 114
Four Seasons, Hotel 129
Four Seasons, Restaurant 73
Fraunces Tavern Museum 13
Frick Collection 81

Gansevoort Market 52
Gansevoort, Hotel 54, 129
Gap, Bekleidungskette 66, 78, 143
Geld 150
General Electric Building 68
General Grant N. M. 102
Gershwin Hotel 129
Gotham Bar & Grill 45
Gramercy Park 41
Gramercy Tavern, Restaurant 42, 133
Grand Army Plaza 82
Grand Central Terminal 64, 133
Ground Zero Museum 10
Ground Zero Museum Workshop 54
Grove Court 50

Hamilton Heights 110
Harris Levy Linen Store 33
Heartland Brewery 61, 134
Herald Square 60
High Line 53
Hispanic Society in America 110
Hotel on Rivington 34
Hotel Theresa 105

IBM Building 77
Informationen 150
Inwood Hill Park 113
Isaac Hendricks House 50

JALC (Jazz at Lincoln Center) 89, 146
James J. Walker Park 50
Jefferson Market Library 45
Jewish Museum 85
Jumel Terrace (H. D.) 109

Kartenvorverkauf 150
Katz's Delicatessen 34, 134
Kaufman Astoria Studios 121
Kehila Kedosha Janina Synagogue/Museum 33
Kim Lau Memorial Arch 28
Kittichai, Restaurant 134
Kossar's Bialys, Bäckerei 32

Lenox Lounge, Jazzclub 105, 147
Lever House 73
Liberty Island 8
Library Hotel 129
Lincoln Center for the Performing Arts/Theater 88
Little Italy Tour 30, 118
Little Singer Building 26
Lord & Taylor, Kaufhaus 61
Louis K. Meisel Gallery 25
Lower Eastside Tenement Museum 33

M & M Shop 66, 141
Macy's, Kaufhaus 60, 141
Madison Square Park 41
Magnolia Bakery 49
Mahayana Buddhist Temple 29
Majestic Building 97
Mandarin Court, Restaurant 29, 135

Register

Markus Garvey Park 105
Marriott Financial Center, Hotel 130
McCartney, Stella 54
Merchant's House Museum 37
Mercury Lounge, Rockclub 34
Met(ropolitan) Life (Insurance Co.) Tower 42
Metropolitan Museum of Art 80
Metropolitan Opera 88
MoMA Design Store 74, 141
Momofuku, Restaurant 37
Morningside Heights 100
Morris-Jumel Mansion 108
Mount Morris Park H. D. 105
Municipal Building 17
Museum Mile 84
Museum of Arts & Design 90
Museum of Chinese in America 28
Museum of Jewish Heritage 10
Museum of Modern Art (MoMA) 74, 142
Museum of Sex 42
Museum of Television and Radio 73
Museum of the City of N. Y. 86
Museum of the Moving Image 122
Museum Row 72

National Museum of the American Indian 9
NBC Studio/Experience Store 69
Neue Galerie 84
New Museum of Contemporary Art 26
New York Botanical Garden 117
New York City Ballet 89
New York City Fire Museum 24
New York Philharmonics 88
New York Police Department 18
New York Police Museum 13
New York Public Library 65
New Yorks Narrowest House 50
New York State Opera 89
New York Stock Exchange 13
New York Theater Workshop 38

New York Transit Museum 125
New York University 46
Nicholas Roerich Museum 102
Niketown 77, 142
Nobu, Restaurant 22, 135
NoHo (North of Houston Street) 26
Notruf 151
Nougatine at Jean Georges, Restaurant 89, 135

Old Carnegie Mansion 85
Ono, Restaurant 54
Oyster Bar 64

Pete's Tavern 41
Philip Williams Posters 20, 142
PM Lounge 53
Powell Building 22
Prada 26
Puchao Buddhist Temple 33

Queens 120

Radio City Music Hall 69, 147
Red Roof Inn 131
River Café 126
Riverside Church/Park 101
Robert F. Wagner Jr. Park 10
Rockefeller Center 68
Roger Morris Park 108
Rose Center for Earth and Space 94
Russian and Turkish Baths 38

Sachi, Restaurant 86
Saks Fifth Avenue 143
St. James Place 29
St. Luke's Place 50
St. Mark's in the Bowery 37
St. Mark's Place 37
St. Patrick's Cathedral 70
St. Patrick's Old Cathedral 30
St. Paul's Chapel 14
Saks Fifth Avenue 70
San Remo Building 97
Seagram Building 73
Secretariat Building 62

156

Bildnachweis:

Alamy/dk: 122; Café Wha?: 145; Ken Chowanetz: 8, 17-2, 18, 20, 22, 25-2, 32, 33, 34-1, 90, 92, 93-1, 93-2, 100, 108, 109; Four Seasons: 6-1, 128; Heartland Brewery: 132; Jazz at Lincoln Center – jalc.org: 146; Kittichai/Jessica Dell: 134; laif/Falke: 61-2; laif/Heeb: 89; laif/Linkel: 41; laif/Polaris: 56; laif/Redux/The New York Times: 53-1, 53-2, 74, 102-2, 117, 131, 141; laif/Sasse: 6-4, 46-2, 48, 49-1, 58-1, 58-2, 69-2, 81, 88, 94, 116, 124, 147; Library Hotel: 130-1; Sabine von Loeffelholz: 6-2, 6-3, 10-1, 10-2, 14, 17-1, 21-1, 21-2, 24, 25-1, 25-3, 26, 28, 29-1, 29-2, 30, 34-2, 37, 38-1, 38-2, 40, 45, 46-1, 49-2, 50, 52, 54-1, 54-2, 65-1, 65-2, 66-2, 70, 72, 76, 77-1, 77-2, 78, 80, 85, 86-1, 86-2, 96, 97, 98-1, 98-2, 101, 102-1, 104, 105, 106-1, 106-2, 110-1, 110-2, 112, 113-1, 113-2, 114, 118-1, 118-2, 120, 121, 125-1, 125-2, 126-1, 126-2, 129, 135, 137, 138, 139, 140, 142, 143; Michaela M. Muhmenthaler: 73, 130-2, 133, 136; Pixelio/Reto Fetz: 16, 62, 68; Pixelio/Jens Goetze: 60; Pixelio/Britta Langendorff: 66-1; Pixelio/pat_555: 84; Pixelio/ReaM: 12; Pixelio/Tim Reinhart: 9; Pixelio/Jochen Schulze: 13, 42; Pixelio/Andreas Zelles: 61-1; The Blue Man Group – BMP/Ken Howard: 144; The Blue Man Group – BMP/Darbe Rotach: 36; Top of the Rock: 69-1; Wikipedia/Tomás Fanó: 82.

www.polyglott.de

Liebe Leserin, lieber Leser,

wir freuen uns, dass Sie sich für diesen POLYGLOTT on tour entschieden haben. Unsere Autorinnen und Autoren sind für Sie unterwegs und recherchieren sehr gründlich, damit Sie mit aktuellen und zuverlässigen Informationen auf Reisen gehen können. Dennoch lassen sich Fehler nie ganz ausschließen. Wir bitten Sie um Verständnis, dass der Verlag dafür keine Haftung übernehmen kann.

Ihre Meinung ist uns wichtig. Bitte schreiben Sie uns:

TRAVEL HOUSE MEDIA GmbH, Redaktion POLYGLOTT,

Grillparzerstraße 12, 81675 München, redaktion@polyglott.de

POLYGLOTT

USA – Der Westen
on tour entdecken

Der Klassiker unter den Kompakt-Reiseführern mit der einzigartgen flipmap. POLYGLOTT on tour ersetzt spielend jeden Reiseleiter und führt mit ausgewählten Routen zu den wichtigsten Sehenswürdgkeiten dieser Region. Dazu lassen die Erstklassig!- und Top-12-Tipps den Reisenden landestypisches Flair schnuppern.

Seward Park 32
Shakespeare Garden 94
Sheridan Square 50
Sicherheit 151
Sikkema Jenkins & Co., Galerie 58
Skyscraper Museum 9
Socony-Mobil Building 62
SoHa (South Harlem) Tour 24
SoHo (South of Houston Street) Tour 6
Solomon R. Guggenheim Museum 84
Sonnabend, Galerie 58
South Street Seaport 18
Spice Market, Restaurant 54
Staten Island Ferry 12
Statue of Liberty 9
Stonewall Inn 49
Strawberry Fields 92
Strip House, Steakhaus 45, 136
Strivers' Row 106
Studio Museum in Harlem 105
Subway 152
Sunshine Cinema 34
Sushi Samba, Restaurant 50, 136
Sylvan Terrace 109
Sylvia's, Restaurant 106, 137
TAO, Restaurant 77
Taxter & Spengemann, Galerie 58
Telefon 151
Tenjune, Nightclub 53, 147
The Mercer Kitchen 26
The Muse Hotel 130
The Ramble 93
The Sphere 8
Thirty Thirty, Hotel 131
Tiffany & Co. 78
Time Warner Center 89
Times Square 64
Tisch's Children Zoo 82
TKTS 66, 150
Tom's Restaurant 101, 137
Tompkins Square Park 38
Top of the Rock 68
Tourneau-Flagshipstore 77

Tribeca Cinemas 22
Tribeca Film Center 21
Tribeca Grand Hotel 22
Trinity Church 14
Trump Tower 78
Tucker Square Greenmarket 89
Tweed Courthouse 17

Ukrainian Museum 37
Union Square 40
U. N. Headquarters 62
U. Courthouse 18

Verve Shoes 49, 143
Vietnam Veterans Memorial 13
View Lounge, Bar 66
Village Vanguard, Jazzlokal 48
Vivian Beaumont Theater 89

Wagners Cove 93
Waldorf-Astoria 70, 131
Wall Street 13
Washington Market Park 21
Washington Mews 45
Washington Square Arch 46
Washington Square Park 45
Websites 151
Webster Hall 147
Western Union Building 21
White Horse Tavern 49
Whitehall Terminal 12
Whitney Museum of American Art 81
Winter Garden 10
Wollman Memorial Rink 82
Woolworth Building 16
World Financial Center 10

Zabar's (Feinkost) 98
Zeckendorf Towers 41
Zen Palate, Restaurant 137
Zoll 151

Register

157

Impressum

Der Autor:

Ken Chowanetz hat 1989 sein Herz an Amerika verloren. Seitdem reist der Redakteur einer deutschen Tageszeitung mindestens dreimal jährlich in die Vereinigten Staaten. Sein Traumziel heißt dabei immer wieder New York, die faszinierende Metropole am Hudson River, über die er in Wort und Bild für unterschiedliche Zeitungen, Zeitschriften und Reiseführer berichtet.

Impressum

Alle Rechte vorbehalten. Nachdruck, auch auszugsweise, sowie die Verbreitung durch Film, Funk, Fernsehen und Internet, durch fotomechanische Wiedergabe, Tonträger und Datenverarbeitungssysteme jeglicher Art nur mit schriftlicher Genehmigung des Verlages.

Bei Interesse an maßgeschneiderter POLYGLOTT Produkten:
Tel. 089/450 00 99 12/veronica.reiseregger@travel-house-media.de
Bei Interesse an Anzeigen:
KV Kommunalverlag GmbH & Co KG/Tel. 089/928 09 60/
info@kommunal-verlag.de

Verlagsleitung: Michaela Lienemann
Redaktionsleitung: Grit Müller
Autor: Ken Chowanetz
Bildredaktion: Ulrich Reißer
Lektorat: Anja Lehner und Buch und Gestaltung, Britta Dieterle
Layout: Polyglott Chaos Productions, München
Umschlaggestaltung: 4S_art direction, Svea Stoss, Köln
Satz: Schulz Bild + Text, Mainz/Buch und Gestaltung, B. Dieterle
Karten und Pläne: GeoGraphic Publishers, München

Druck und Bindung: Drukarnia Dimograf Sp.zo.o. (Polen)
Umwelthinweis: Dieses Buch wurde auf chlorfrei gebleichtem Papier gedruckt. Um Rohstoffe zu sparen, haben wir auf Folienverpackung verzichtet.

© 2014 TRAVEL HOUSE MEDIA GmbH München

ISBN 978-3-8264-6205-8

TRAVEL
HOUSE
MEDIA

Ein Unternehmen der
GANSKE VERLAGSGRUPPE